〈通訳メソッド〉で学ぶ

状況・場面別

ビジネス英会話

石黒弓美子・新崎隆子 著
Ishiguro Yumiko・Shinzaki Ryuko

大修館書店

はじめに

I. 本書のねらい

　本書のねらいは2つあります。1つは通訳訓練法によるアウトプット能力の強化です。外国語の習得には言うまでもなくインプット，すなわち「読む」「書く」と，アウトプット，つまり「聞く」「話す」という4技能の訓練が必要ですが，日本の英語学習では，いまだにインプットでは耳からのインプット，つまり「聞く」という訓練が不足しています。また，アウトプットでは，「書く」「話す」のどちらもそれ以上に不足しています。そのため「英語は読めるけど，いつまでたっても満足に話せない」という悩みを抱える人が少なくありません。そこで，アウトプット能力の強化のため，そういう人たちにぜひ勧めたいのが，通訳養成の現場で活用されているシャドーイングやクイックレスポンスというエクササイズです。これらの方法は，私たちが通訳業のかたわら大学や通訳学校で教鞭をとる中で，アウトプット能力の強化につながる事を確認してきた方法です。

　2つ目のねらいは場面や相手に合わせた話し方のアドバイスを提供することです。一般に日本では，「英語には敬語がない」，「上司も部下もなく，ざっくばらんでよい」などとよく言われ，そのせいか，場面や相手によって使い分けるべき英語表現の活用につながっていないことが多いと感じてきました。そうした誤解を解き，知的な大人として適切な英語表現の使い分けができる話術を身につけた人が増えてほしいと考えました。

II. 本書の特徴

1. アウトプット（話すこと）を徹底的に重視

　シャドーイングとクイックレスポンスという2つの通訳訓練手法を活用することで英語の表現力と運用能力の強化を目指します。

2. casual − semi-formal − formal の3つのレベルの表現集

　どんな言語であっても，casual 表現は相手に親しみの情を伝えることが多く，formal な表現は敬意を伝えますが，一筋縄ではいかない場合もあります。アメリカ人の夫を持つ私の妹が第一子を出産した時，母がアメリカの妹たちの家にしばらく滞在したことがありました。当時妹の夫は一所懸命に日本語を習い始めていました。ある時食事の最中に母が親しみを込めて妹の夫に「ロジャーさん，○○を食べなさいよ」と勧めました。すると夫は「お義母さんは，僕に命令した」と言ってちょっとした騒ぎになったことがあります。日本語ネイティブであればそんな誤解が生じることはありませんが，外国語となるとこんな厄介なことも起こり得るということです。逆に，外国語として英語を話すとき，私たちは意図せず礼を欠いた話し方をしていることがあるかもしれません。以来，私は英語でも敬意表現に注意するようになりました。

　英語には確かに日本語の丁寧語や謙譲語などに匹敵する敬語はありませんが，英語にもきちんと敬意を表現する方法があります。英語の native speaker は，日本人が日本語の敬語を無意識のうちに使いこなすように英語の敬意表現を使いこなしています。例えば，「ありがとう」を意味する "Thanks." "Thank you." "It's very kind of you." という3つの表現は，この順番に丁寧さが増していきます。本書では，場面に応じて使い分けるべき casual, semi-formal, formal の3つのレベルの表現を紹介します。

　この本で紹介する casual 表現は，一般に「家族や親しい友人，同年代の人」などを対象に使用する表現，semi-formal は「職場や日常的ビジネスの場面など」で，formal 表現は「かなりよそ行きの場面」で使用されるものと考えていただくと良いでしょう。ただ casual と semi-formal, formal の区分はそれぞれ明瞭な線引きができるわけではありません。同じ表現が formal 度の異なる場面で使用されることも少なくありません。また声のトーンや話し方の違いで，同じ表現が casual になったり，semi-formal になったりすることもよくあります。

とはいえ，丁寧さのレベルについて一つ言えることがあります。それは formal になればなるほど，フルセンテンスを使い，丁寧さや相手への配慮，敬意を伝える句や節が加わって文が長くなることが多いということ，他方，casual な表現は一般に短く単刀直入で，主語が落ちるなど文をはしょることも多いということです。例えば，人を夕食に誘う時，semi-formal や formal な場面なら，"Would you like to join us for dinner?"（私たちと一緒に夕食においでになりますか）などと言うところ，casual な場面なら，"Wanna join us for dinner?"（夕飯に一緒に来る？）になったりします。

III. 本書の構成

本書では，「I. こんな時の表現は（Expressions Useful in Common Social Interactions)」と「II. こんな場面での表現は（Expressions Useful in Common Social Context)」に分け，I では人との付き合いやビジネスでよくある場面を想定して，それぞれの場面で有用な casual, semi-formal, formal の3段階の英語表現を紹介します。II では，さらに一歩進めて，グローバルな企業活動ではほぼ日常的に想定されるコンテキスト（文脈）で役立つ情報を提供しつつ，必要に応じて casual, semi-formal, formal の基本パタンを維持しながら有用な英語表現を紹介します。

IV. 録音音声の使い方

1. 英語シャドーイング（Shadowing）

英語の例文，会話文が録音されています。英語を聞きながら聞こえてくるままに繰り返します。録音はいちいち止めません。このエクササイズは，オリジナルの音声を聞きながら，それにひたひたと影（shadow）のようについていくことから shadowing と呼ばれるインプットとアウトプットを組み合わせた通訳訓練メソッドの1つです。まずは，文字を見ないで shadowing します。英語を数回聞き流しても良いでしょう。何回か聞いても聞き取ることができなかった場合は，文字で確認した上で shadowing の練習をします。文の意味も確認しましょう。英語がすらすらと出てくるまで何回でも練習してください。

また，できるだけ連音（音のつながり）と弱音化やイントネーションに注意しながら shadowing します。連音とは単語の語尾の音と次の単語の語頭の音がつ

ながることです。例えば"a cup of tea"は自然なスピードの発話の場合,「ア・カップ・オブ・ティー」と1語ごとに区切って発音されることはほとんどなく,音が連なって「アカッパティー」のように発音されます。文字を見て「あー,a cup of tea か」と思っても,「ア・カップ・オブ・ティー」と1語ずつ区切って発音しないように注意しましょう。

弱音化とは,弱く発音される音節（syllable）,つまり強勢（stress）のない音節の母音が非常に弱い [ə] や [ɪ] に変化したり,落ちてしまったりする現象です。例えば,catholic という語は,真ん中の th の後の /o/ を発音しなければならないと多くの日本人が思い,「キャソリック」と発音しようとしますが,この /o/ はほとんど発音されません。初めの「キャ」を強く発音し,[KYAθlik] のように発音されます。Cath と lik を離して2語であるかのように発音を何回か繰り返した後,th からそのまま続けて lik と発音してみましょう。発音しやすくなるはずです。

イントネーションは句や節,文全体の強弱と抑揚です。"Would you like a cup of tea?"は自然のスピードでは,"djulaika cuppaTEA?"というように,文中で最も重要な情報を伝える単語 "TEA" だけが強調して発音されます。他の語は短く弱く,まるで1語のようにくっつけて発音されます。

2. 日英クイックレスポンス（Quick Response from Japanese to English）

例文と会話文は日本語でも録音されています。日本語文は一定のポーズをいれて録音されていますので,そのポーズの間に英文を言いましょう。与えられた短い時間内,つまりポーズ内に速やかに英文を言えること,quick response できることが目標です。シャドーイングがうまくできるようになっていればquick response も速やかにできるでしょう。そうなるまで何回も練習しましょう。これは日本語から英語への速やかな通訳能力を強化するメソッドの1つで,英語の発話（output）能力強化に応用できます。

なお,このレッスン用の日本語文は筆者2人とその協力者が録音しています。プロのナレーターではないため,共通語のアクセントには統一されていません。

3. トランスクリプション（Transcription：書き出す）

　これは，シャドーイング練習の段階で聞き取れない部分が少なくないという人，したがって聞き取りを強化したいという人にお勧めしたいエクササイズです。II.6 の長文を使ってやってみましょう。テキストを見る前に，音で聞いた英文を書き起こします。書き取れるまで繰り返し英文を聞いて構いません。数回聞いても書き取れない部分は，文字で確認します。発音と実際の言葉とのマッチングができ，リスニング向上に役立ちます。もちろん，他のレッスンの短文で実施しても良いでしょう。

4. DLS（Dynamic Listening and Speaking）

　II.6 にある長文でこのエクササイズをやってみましょう。これも通訳訓練でよく活用されるメソッドです。一定の長さの文章全体を聞き取り，その内容を自分の言葉（英語）で再生します。聞いた後すぐに内容を再生（speaking）できるよう能動的リスニングが必要です。直後の再生ももちろん能動的行為です。つまり受動的に聞くだけでなく speaking という action に備えて聞き，話すという dynamic なエクササイズ，すなわち DLS です。文の再生には今聞いた文章の中の用語をそのまま使うこともできますし，同じ意味の別の言葉や表現に置き換えても構いません。長い文をいくつかの短い文に置き換えることもできます。目的は英語で話す（output）能力の強化です。II.6 の長文の DLS サンプル文を巻末に記載します。

　アウトプットすなわち話す能力の強化には，とにかく口を動かすことが大事です。4 つのエクササイズを実践し，だんだんと素早く英語が口から出るようになる過程を楽しんでください。

音声のダウンロードはこちら→
ユーザー名とパスワードは p.188

目次

<通訳メソッド>で学ぶ

状況・場面別ビジネス英会話

［録音ナレーター］

Elizabeth Handover（エリザベス・ハンドオーバー）

イギリス出身。人材育成コンサルタント。Lumina Learning Japan
代表。在日アメリカ商工会議所女性ビジネス委員会副議長。British
Business Awards - the Entrepreneur of the Year 2014 受賞。
NHK でニュースのナレーターとしても活躍中。

Bill Sullivan（ビル・サリバン）

アメリカ・ロサンジェルス出身。声優，ナレーター，ディスクジョッ
キーとして日米両国で活躍。1993 年に日本に拠点を移す。NHK ワー
ルド・テレビで，夜のメインニュース番組 Newsroom Tokyo のアナ
ウンス・スタッフとして，2015 年の番組放送開始時から活躍中。

I

▶▶ こんな時の表現は

**Expressions Useful in Common Social
Interactions**

第Ⅰ章では，よくあるコミュニケーション行為を想定し，話の相手や場面によって casual, semi-formal, formal という3つのレベルで，スマートなコミュニケーションを可能にする表現を紹介していきます。ネイティブの間では，相手が家族や親しい友人，同期の同僚などであれば casual な表現が行き交います。上司から部下への語りかけも casual な表現になることが少なくありません。また，casual な表現は親しみを表す方法の一つでもあり，初対面の相手あっても「早く親しくなりたい」という意思を伝える手段になることもあるでしょう。

　一方，あまり親しくない相手や，顧客や上司との会話では，casual 過ぎると，相手に「口のきき方を知らない失礼な奴だ」といった誤った印象を与えてしまいます。下手をすると「知性に欠ける」という印象すら与えかねません。適切な semi-formal や formal な表現が使えなければならないでしょう。

　相手や状況，場面によって適切なレベルの表現を使いこなす能力は母語であっても教育や訓練が必要です。英語でもその違いを知り，使いこなせるようになりましょう。

I.1 初めての人と会話を始める
-Starting a conversation with strangers

　知らない人との会話をスタートするのはなかなか難しく，気後れしてしまうことも少なくありませんが，大丈夫，誰もが大抵同じような気持ちでいると思えば勇気が出ます。人との出会いを目的として国際的なパーティやイベントに参加するということも多い昨今です。会場ではいろいろな人に自分から近づいて行って，積極的に自己紹介をしましょう。だれかにアプローチされ自己紹介されたら，こちらもすかさず自己紹介を返しましょう。相手の名前を聞き損じたら聞き返しても何ら問題はありません。外国人は実に初対面の相手の名前を覚えるのがうまいと感心することがありますが，それは，会話の中で「お会いできて嬉しいです，○○さん」というように，相手への呼びかけを繰り返すからなのです。日本にはない習慣ですが，人との初めての出会いで活用したい名前記憶術の一つです。最近のビジネスの場面では，日本式に名刺を交換することも増えているようです。

　初めての顧客を迎えての自己紹介の場合などは，場面により，あるいは互いの地位によって相応の配慮が必要です。

　以下，Casual, Semi-formal, Formal のそれぞれの場面で，どんな自己紹介と会話のスタートの仕方があるか見ていきますが，May I introduce myself? と自己紹介を切り出す表現は，formal 度の差にかかわらずよく使われます。口語では May の代わりに Can を使う人も増えていますが，従来の文法からいうと "Can I introduce myself?" は，間違いだとの指摘もあります。

💬 会話例

気軽な集まりで会話をスタート　🔊 I.1-1

A：Hi. We haven't met, have we? I'm Joe.
（やあ，自己紹介まだだよね。僕，ジョー。）

B：Hello. I'm Mei. Nice to meet you.
（こんにちは。私，メイ。はじめまして。）

A：You, too. / Same here.（こちらこそ。）

💬 表現例

（1） 自己紹介をする 🔊 I.1-2

Hi. I'm Joe.

（やー，僕，ジョー。）

Hello. My name is Mei.

（こんにちは，私はメイ。）

Have we met? I'm Joe.

（自己紹介したっけ？ 僕，ジョー。）

I don't think we've met. I'm Mei.

（（会うのは）初めてよね。私，メイ。）

（2） 自己紹介を返す 🔊 I.1-3

Hi, Joe. I'm Mei.

（初めまして，ジョー。私はメイよ。）

Hello, Joe. I'm Keiko. Nice to meet you.

（初めまして，ジョー。私は慶子。会えてうれしいわ。）

No, I don't think we've met. I'm Mei, Mei Takeda.

（いえ，初めてだと思うわ。私はメイ。竹田メイよ。）

🗨 会話例

異業種交流会で人に話しかける 🔊 I.1-4

A：Hello. Nice gathering, isn't it?
（こんにちは，いい会合ですね。）

B：Yes, it is!
（本当に。）

A：May I introduce myself?
（自己紹介してもいいですか。）

B：Of course!
（もちろんです。）

A：I'm Junko Tanaka, from Future Industries.
（未来産業の田中淳子です。）

B：I'm Jason, Jason Reed, from Reed Corporation. Pleased to meet you, Ms. Tanaka.
（私はジェイソンです。リード・コーポレーションのジェイソン・リードです。お会いできて嬉しいです，田中さん。）

A：The pleasure is mine, Mr. Reed.
（こちらこそ，リードさん。）

顧客との自己紹介 🔊 I.1-5

A：My name is Satoko Mita, Manager of R&D. Thank you for coming to our office.
（研究開発部マネージャーの三田聡子です。本日は弊社事務所までご足労ありがとうございます。）

B：I'm Jason Barr, VP (Vice President) for Human Resources Development from Barr Robotics. Thank you for your time.
（バー・ロボティックス人材開発担当副社長のジェイソン・バーです。こちらこそお邪魔します。）

💬 表現例

（1）自己紹介をする　🔊 I.1-6

Hello.　I'm John Smith / My name is John Smith.

（こんにちは，ジョン・スミスです。）

Hello.　May I introduce myself?　My name is Kei Tanaka.

（初めまして，自己紹介してもいいですか。田中敬です。）

同僚と二人で初めて会う人にアプローチする時は，we を使いましょう。

Excuse us, please.　May we introduce ourselves?　I'm Mac Johnson, Sales Manager from M-Company.　This is my colleague, David Watson.

（失礼ですが，我々の自己紹介をさせていただけますか。私はM社の営業部長マック・ジョンソンです。こちらは，同僚のデビッド・ワトソンです。）

（2）自己紹介を返す　🔊 I.1-7

Hello, Mr. Smith.　I'm Kei Tanaka.　Glad to meet you!

（スミスさんですか。僕は田中敬です。お会いできて嬉しいです。）

Mr. Tanaka!　It's nice to meet you.　I'm David Jones.

（田中さんですか。初めまして。デビッド・ジョーンズです。）

You are from M-Company.　I'm Paul Johnson from JJ-Printing.　How nice to meet you here!

（M社の方々ですね。ＪＪ印刷のポール・ジョンソンです。ここでお会いできるなんて大変嬉しいです。）

💬 **会話例**

国際会議などでめぼしい相手との会話をスタート 🔊 I.1-8

A： Excuse me. May I introduce myself?
I'm Henry Watson, Executive Vice President of Global Green Fund.
（自己紹介をさせていただいてよろしいでしょうか。私はグローバル・グリーン・ファンド上級副社長のヘンリー・ワトソンでございます。）

B： Mr. Watson, my name is Keiko Ohno, President and CEO (Chief Executive Officer) of Green Investment. It is my privilege to meet you, Mr. Watson.
（ワトソンさん，私はグリーン・インヴェストメントの社長兼最高経営責任者，大野圭子でございます。お会いできて大変光栄です，ワトソンさん。）

A： The privilege is mine, Ms. Ohno.
（こちらこそ光栄に存じます，大野社長。）

新聞記者による大使へのインタビューの通訳者の自己紹介 🔊 I.1-9

A： Your Excellency, my name is Yuko Oda.
I'm honored to serve as your interpreter for the interview with Ms. Shinoda, today.
（大使閣下，小田裕子と申します。本日，こちらの篠田記者と閣下のインタビューの通訳をさせていただきます。）

B： Yuko, thank you for your help.
（裕子さん，よろしく頼みます。）

C： 大使閣下，令和タイムズ記者の篠田英子と申します。本日はお時間をいただき誠にありがとうございます。
（通訳者Aの英語：Your Excellency, my name is Eiko Shinoda. I am a reporter from the Reiwa Times. We appreciate your time immensely.）

🗨 表現例

（1）自己紹介をする 🔊 I.1-10

Excuse me. Would you allow me to introduce myself? My name is Kei Tanaka. I'm from the Taiyo Research Institute.

（失礼いたします。自己紹介させていただいてよろしいでしょうか。大洋研究所の田中敬と申します。）

May I introduce myself? I'm Aiko Ueda from Japan. It is a great pleasure to meet you.

（自己紹介をさせていただけますでしょうか。日本から参りました植田愛子でございます。お会いできて大変嬉しゅうございます。）

オフィスに初めて大事なお客様をお迎えした場合

I am Emi Ohno, Chairman of Green Publishing. I am honored to meet you.

（グリーン出版会長の大野恵美でございます。お会いできて光栄でございます。）

I'm John Adams. I'm privileged to meet you.

（ジョン・アダムズでございます。お会いできて光栄です。）

（2）自己紹介を返す 🔊 I.1-11

Professor Tanaka! It is a great honor to meet you, sir. I'm Paul Johnson, leading the delegation from Y University.

（田中先生，お会いできて大変光栄でございます。私はY大学代表団長のポール・ジョンソンと申します。）

Madam Ueda, how pleased I am to meet you! I am Jason White from the K-Foundation.

（植田夫人，こちらこそお会いできて嬉しいです。K財団のジェイソン・ホワイトでございます。）

The honor is ours, Mr. Adams. I am Hitoshi Abe, and this is our vice president, Kate Goodseason.

（我々の方こそ光栄です，アダムスさん。私は安倍仁です。こちらは弊社副社長のケイト・グッドシーズンです。）

初めての人と会話をスタートする時の流れ

1 Hello, Excuse me などと話しかける
2 自分の名前や所属を伝える
3 話しかけられたら，会えて嬉しいと伝え
自己紹介する

　日本人はビジネスの場では通常苗字で呼び合い，よほど親しい間柄でなければ下の名前（first name）は使いませんが，外国では casual な場面では，ほぼ名前だけで自己紹介することも少なくありません。一方で，日本人は，名前でなく「社長」とか「部長」とかと地位などを表すタイトルだけで呼ぶことも少なくありません。通訳という仕事をしていると，お名前がわからなければ紹介の通訳をすることができないので，しばしば「あの，お名前は」と尋ねなくてはならないこともあります。では，外国ではタイトル・称号は重要視されないかというと，ビジネスや公式の場では称号も重視します。称号は敬意の表明方法の一つになるからです。例えば，博士号を持つ人を Mr. や Ms. で紹介すると失礼になります。事前に確認をしておく必要があります。その他，女性国会議長ならば，Madam Speaker，議員であれば，Congressman/woman（下院議員）や Senator（上院議員），大使には Excellency などのタイトルもよく使われます。

　日本語の「はじめまして」「よろしく」は，"Nice to meet you." です。つまり，英語では「会えてうれしい」と言います。それに応える「こちらこそ」は，"Nice to meet you, too." ですが，casual な場面ではよく "Nice to meet" を省略して "You, too." と言います。日本語の「こちらこそ」から，"Me, too." と返してしまいそうですが，「私も私に会えてうれしい」という意味になってしまいますから，注意しましょう。"You, too." の代わりに "Same here." と返すこともあります。formal な場で，"Pleased to meet you."（お会いできて喜ばしく存じます）と挨拶された場合は，"The pleasure is mine."（喜びは私のものです）などと，相手の言葉を受けて挨拶を返します。相手の使う言葉に注意しましょう。

I.2 再会・旧交を温める
－Meeting with a friend / an acquaintance

　英語には「会う」という意味の言葉に"meet"と"see"という単語があります。初対面の人に「お会いできて嬉しい」と挨拶する時には，"I'm happy to meet you."（会えて嬉しい）と"meet"を使い，友人などに「また会えて嬉しい」という時は，"Happy to see you again."と"see"を使う。"meet"には，「人と知り合いになる」という意味があり，"see"にはそうした含意がないからだと説明されます。この説明からは，友人を別の人に紹介する時，"Meet my friend, Joe."（僕の友人のジョーに会ってください＝こちらは僕の友人のジョーです）という紹介の仕方をすることがあるということにも合点がいきます。

　一方で，"I'm meeting an old friend of mine tonight."（今夜古い友人に会うの）という使い方もありますし，"I'll meet you downstairs."（下の階で会うわね）などと言う表現もあります。また，"I'll meet you later."（じゃ，また後で）という場面があるかと思えば，"See you later."（じゃ，また）という使い方もよく聞きます。このような使い方から見えてくるのは，"meet"には，「何かの目的をもって人と会う」という意味もある一方で，"see"には，そうした含意がないということです。

　久しぶりで会う友人やビジネス上の知り合いに，「いつぞやは」，あるいは「会わずにいた間どうでした」と，まず相手に人としての関心を示すことが，信頼を生む思いやりでしょう。

🗨 会話例

旧友にばったり出くわす 🔊 I.2-1

A：Yuko, it's you! Long time no see!
（裕子，君だね。久しぶりだね。）

B：Jason! Good to see you! How's everything?
（ジェイソン，会えて嬉しいわ。どーお？）

A：Pretty good. How about yourself?
（元気だよ。君は？）

B：I'm OK. I'm starting a new job!
（元気よ。新しい仕事に就いたの。）

💬表現例

再会の挨拶をする 🔊 I.2-2

Great to see you!
（会えてすごく嬉しい。）

Good to see you again!
（また会えて嬉しいわ。）

Really nice to see you!
（ほんとに会えて嬉しい！）

Yuko, is that you? Long time no see!
（裕子じゃない？　久しぶり！）

John! I didn't think I would see you here!
（ジョンじゃない！　ここで顔を合わせるとは思わなかったわ。）

Can't believe it's you, Jason!
（信じられない，あなたなの，ジェイソン！）

It's me, Jason, Yuko. You look good!
（僕だよ，ジェイソンだよ，裕子。元気そうだね！）

Haven't seen you for ages!
（すごく久しぶり。）

How are you?
（どう？　元気？）

💬 会話例

同僚と再会する 🔊 I.2-3

A：Ms. Tanaka, how nice to see you back from London!
（田中課長，ロンドンからお戻りになったのですね，嬉しいですよ。）

B：Thank you, Mr. Watson. How have you been?
（ありがとう，ワトソンさん。お元気でしたか。）

A：Just fine, thank you. Have you enjoyed your time [stay] in London?
（お陰様で元気でした。ロンドンでの生活は楽しかったですか。）

B：Sure, I did! But I'm happy to be back in Tokyo, too.
（ええ，楽しかったです。でもまた東京に戻れて嬉しいです。）

A：Good! Welcome back!
（それは良かったです。お帰りなさい。）

●表現例

<u>再会の挨拶をする</u> 🔊 I.2-4

It is nice [great / wonderful / lovely] to see you again.
（またお会いできて嬉しいです。）

It's been so long since we've seen each other, John. I'm very happy to see you again.
（ずいぶん久しぶりですね，ジョンさん。またお会いできてとても嬉しいです。）

Ms. Meg Brown, you are back at the Tokyo office. How nice to see you again!
（メグ・ブラウンさん，また東京事務所に戻られたのですね。またお会いできるなんて，なんて嬉しいことでしょう。）

How have you been?
（ずっと，どうしておられましたか。）

How is everything?
（お変わりありませんか。）

💬 会話例

<u>取引先の社長と再会する</u> 🔊 I.2-5

A：I'm very pleased to see you again, Mr. Goodwill.
（グッドウィルさん，またお会いできて嬉しいです。）

B：The pleasure is mine, Ms. Ohtani. You look great, but how is Mr. Ohtani? We've heard he was in hospital.
（こちらこそ，大谷さん。お元気そうで何よりです。でも旦那様はいかがですか。入院していらしたとうかがいましたが。）

A：Thank you for asking. He is recovering well. He sends you his best regards. We will never forget your hospitality at your summer house.
（お気にかけていただきありがとうございます。順調に回復しております。夫もよろしくお伝えしてほしいと申しておりました。私たちは別荘にお招きいただいた時のご歓待は忘れません。）

B：You should come again, next time in winter. The place is famous for powder snow among skiers. My wife will be very happy to see both of you, again.
（どうぞまたいらしてください。今度は冬に。スキーヤーの間じゃ，パウダースノーで有名なところですから。家内もおふたりとの再会を喜びます。）

💬 表現例

再会の挨拶をする 🔊 I.2-6

Dr. Albright, I'm very pleased to see you again.
（オルブライト博士，またお会いすることができて大変嬉しいです。）

It is a great pleasure to see you again, Mr. Nelson.
（またお会いできることを本当に嬉しく存じます，ネルソンさん。）

You are back from Hong Kong, Mrs. Darvish. How delightful to see you again!
（香港からお戻りになられたのですね，ダルビッシュ夫人。またお会いできるとはなんと嬉しいことでしょう。）

You have been well, haven't you?
（ずっとお元気でおられたことと存じます。）

How have you been, Sir?
（いかがお過ごしでしたか。）

WELCOME TO HONG KONG

再会・旧交を温める相手との挨拶の流れ

> **1** 名前を呼ぶなど相手を覚えていることを
> 表現する
>
> **2** 再会の喜びを伝える
>
> **3** 会わなかった間どうしていたかを尋ねる

　英語では同じ表現を semi-formal と formal 両方の場面で使う場合も少なくありませんが，"I'm very pleased to see you again." のようなフルセンテンスを使うより "Pleased to see you again." のように文をはしょるとやや less-formal になります。言葉の選択もフォーマル度を変化させます。"Nice to see you." より "Pleased to see you." の方がより formal という具合です。また，"Mr./Mrs. ○○"，や "Sir" などという呼びかけで，話者の敬意と丁寧な態度が表現されることもあります。さらに，日本語でもそうですが，同じ表現を使っても，敬意をこめた声のトーンや話し方でより丁寧な態度が示されます。

　また，英語には，日本語のような「男言葉」「女言葉」の区別がさほどありませんが，全くないわけでもありません。例えば，lovely（素敵），adorable（かわいい），charming（素敵），sweet（かわいい）という語は，女性がよく使う言葉とされています。自宅に招待した友人を迎える時，女性なら "It's lovely to see you!"（お会いできて嬉しいわ）と出迎えるでしょう。同じ場面でも男性なら，"Great to see you!" などと言うでしょう。"How sweet of you to come!"（嬉しいわ，おいでくださって！）などという使い方も女性的で，男性なら，"Nice of you to come." などと言うでしょう。かといって男性がこれらの言葉をまったく使わないかというと，そうでもありません。例えば，女性について "She is a lovely /sweet woman."（素敵な女性だ）と言ったりします。

＜参考文献＞
三原京（2004）「英語における女性語について」『近畿大学語学教育部紀要』第 4 巻 1 号，pp145-160 [Online] file:///C:/Users/Owner/Downloads/AA11591720-20040630-0145%20(1).pdf（2019 年 8 月 12 日）

I.3 人を紹介する
– Introducing a friend / an acquaintance to someone else

　人を紹介するときの順序は，「下を上に」「内を外に」が原則です。レディファースト（ladies first）の文化では「男性を女性に」がマナーとされていますが，年配で地位の高い男性と若い女性を引き合わせるときは女性を先に紹介するなど，臨機応変な判断も必要です。

　会話は①名前を紹介する，②どんな人かを述べる，③紹介を受けた人が挨拶する，という３つのステップからなります。

　casual な場面ではファーストネームを使い，引き合わせた人たちがすぐに会話を始められるようにします。formal な場面では「紹介したい人がいるのですが」というような前置きを使い，フルネームを用い，Mr.，Mrs.，Dr. などの敬称を付け，紹介した人のバックグラウンドや自分との関係などを丁寧に述べます。「こちらは XXX さんです」は "This is…" と言いますが，これは casual でも formal でも使えます。

💬 会話例

友人にルームメートを紹介する 🔊 I.3-1

A：Hi, Emily. This is Bill, my roommate.
（やあ，エミリー，こちらが僕のルームメートのビル。）

B：Nice to meet you, Bill.
（ビル，会えて嬉しいわ。）

C：Nice to meet you, too.
（こちらこそ。）

💬 表現例

（1）名前を紹介をする 🔊 I.3-2

Elizabeth, meet Ken. （エリザベス，ケンよ。）

Have you two met? （ふたりは知り合いだったかしら。）

Hi, Bill. Have you met Emily?
（やあ，ビル。エミリーのことは知ってる？）

> * Have you met…? は名字に敬称を付ければ semi-formal でも使える。

I want you to meet Henry. （君にヘンリーを紹介したいんだ。）

> * semi-formal にするときは want を would like に変える。

This is my younger sister. （僕の妹を紹介するよ。）

（2）どんな人かを述べる 🔊 I.3-3

We're dating. （私たちつき合ってるの。）

My friend, Tom. / This is my friend, Tom. （友達のトムだよ。）

My cousin Nick. My friend Bobby.
（（ジェスチャーを使って）いとこのニック。友達のボビー。）

My roommate. （僕のルームメートだよ。）

（3）紹介を受けた人の挨拶 🔊 I.3-4

Hi, Ken. （やあ，ケン。）

Hello, Ken. （やあ，ケン。）

Nice [Great / Wonderful] to meet you.
（会えて良かった / すごく良かった。）

Glad [Happy / Pleased / Delighted] to meet you. （会えて嬉しい。）

Semi-formal

💬会話例

外国人の訪問客に知り合いを紹介する 🔊 I.3-5

A：Mr. Williams. May I introduce Ms. Yoko Inagaki? She is a
well-known calligrapher in Japan.
（ウィリアムズさん，稲垣洋子さんをご紹介します。日本では有名な書道家です。）

B：A pleasure to meet you.
（お会いできて嬉しいです。）

C：The pleasure is mine.
（私も嬉しく思います。）

💬 表現例

（1）名前を紹介する ◀)) I.3-6

There is someone I would like to introduce to you.
（あなたに紹介したい人がいます。）

May I introduce my friend, Mia?
（友人のミアを紹介させてください。）

Ms. Suzuki, may I introduce Mr. Johnson?
（鈴木さん，ジョンソンさんをご紹介してもいいですか。）

Mr. Thompson, I would like you to meet my co-worker, Anthony Gerald.
（トンプソンさん，私の同僚のアンソニー・ジェラルドにお会いください。）

Mr. Takahashi, this is my wife Michiko. （高橋さん，妻の道子です。）

（2）どんな人かを述べる ◀)) I.3-7

He is my colleague in charge of research and development.
（研究開発担当の同僚です。）

She is a yoga instructor. （ヨガのインストラクターです。）

He has been helping me in the Turtle project.
（タートル・プロジェクトでお世話になっている人です。）

（3）紹介を受けた人の挨拶 ◀)) I.3-8

I'm happy [glad / pleased / delighted] to meet you.
（お会いできて嬉しいです。）

It's nice [great / wonderful / a pleasure] to meet you.
（お会いできて嬉しいです。）

💬会話例

外国から訪れた大学の教授に自分が勤める学校の校長を紹介する 🔊 I.3-9

A : Professor Nelson. Please allow me to introduce our school master, Masahiro Taki. He is responsible for the student-exchange program this year.

（ネルソン教授，本校の滝正弘校長をご紹介させていただきます。今年の学生交流プログラムの責任者をしております。）

B : It's a pleasure to meet you, Mr. Taki. I've heard of your great contribution to the program.

（滝先生，お会いできて嬉しく思います。プログラムに対してあなたが大きな貢献をなさっていることは聞いています。）

C : It is an honor to meet you. I hope you will give us some advice about how to improve the program.

（お会いできて光栄です。プログラムをどのように改善するかについて助言をいただきたく存じます。）

高名な外国人科学者の訪問を受け，会社の開発部門の責任者を紹介する。

🔊 I.3-10

A：Dr. Brown. We appreciate your visit to our company. May I introduce Dr. Kyoko Sugiyama, the leader of the development department?

（ブラウン博士，わが社を訪問していただきありがとうございます。開発部のリーダーである杉山京子さんをご紹介してもよろしいでしょうか。）

B：Dr. Brown. It is a privilege to meet you. I have read a number of your papers on space robotics. I hope you will give us your comments on our Robo 21 development project.

（ブラウン博士，お会いできてまことに光栄です。宇宙ロボットに関するあなたの論文をたくさん読みました。わが社の Robo 21 開発プロジェクトについてご意見をいただければ幸いです。）

C：I'm also happy to meet you, Dr. Sugiyama. I hear you are one of the leading robotics scientists in Japan. It's a pleasure to discuss the Robo 21 project with you.

（私も杉山博士にお会いできて嬉しく思います。日本の一流のロボット科学者の一人と伺っております。喜んで Robo 21 についてディスカッションをさせていただきます。）

💬 表現例

（1）名前を紹介する ◀》 I.3-11

Dr. Garret. Please allow me to introduce you to Professor Yamanaka.

（ギャレット博士，あなたを山中教授にご紹介させてください。）

Mr. Nakano, may I present Ms. Sylvia Hawkins?

（中野さん，シルビア・ホーキンスさんをご紹介させていただいてよろしいでしょうか。）

Your excellency, Ambassador Jones, I'd like you to meet our president Kentaro Suzuki.

（ジョーンズ大使閣下，私どもの理事長，鈴木健太郎を紹介させていただきます。）

（2）どんな人かを述べる ◀》 I.3-12

Professor Yamanaka. Dr. Garret is a well-known figure in the field of Artificial Intelligence.

（山中教授，ガレット博士は人工知能の分野で有名な方です。）

Ms. Silvia Hawkins is a genius in mathematics. She has recently joined our team.

（シルビア・ホーキンスさんは数学の天才です。最近私たちのチームに参加してくださいました。）

（3）紹介を受けた人の挨拶 🔊 I.3-13

How do you do?

（初めまして。）

I'm honored to meet you.

（お会いできて光栄です。）

I'm delighted to make your acquaintance.

（お近づきになれて嬉しく思います。）

I was looking forward to meeting you.

（以前からお会いするのを楽しみにしておりました。）

I'm so happy to finally meet you.

（（以前からお会いしたいと思っていましたが）やっとお会いできて大変幸せです。）

「人を紹介する」ときの原則

「下」を上に，「内」を「外」に

1 名前を紹介する

2 どんな人か述べる

3 紹介された人が挨拶する

　casual な紹介では，文を作らずに簡単な名詞だけで意味を伝えることができますが，言葉数が少ない分，ジェスチャーや視線，笑顔などの non-verbal コミュニケーションが大切になります。言葉に頼る部分が大きい，より formal な場面では，相手が聞き取りやすい姿勢をとり，紹介する人の名前を明瞭に発音するように心がけましょう。初めて聞く外国人の名前は聞き取れないこともよくあるので，聞き手の表情に注意し，必要に応じて繰り返すなど臨機応変に対応しましょう。

　「紹介する」という意味の動詞で一番よく使われる "introduce" は "introduce A to B"（AさんをBさんに紹介する）のように使います。AとBが逆にならないように気を付けてください。

　ステップ2では，引き合わされた人同士がすぐに会話を始められるような話題を提供するように心がけましょう。趣味が合うことや共通の友人がいること，郷里が同じなど，2人を結びつけるようなことを付け加えると，ステップ3の挨拶から打ち解けた会話に発展するでしょう。人のご縁を取り持つのが上手な人は，背景情報を伝えるときから，さりげなく会話をリードしています。

Ⅰ.4 話題を発展させる
− Developing the conversation

　初対面やなじみのない人と，話題を発展させるのはなかなか難しいことがありますが，**"here and now"** の原則が役に立ちます。つまり，今目にしていること，今いる場のことや体験していること，あるいは直近の出来事や，今の状況に関連する事柄を話題にすることです。いずれも具体性のあることなので話題にしやすく，会話を発展させるのに役立ちます。

　まずは，相手の身に着けているもの，出身地や職業など，会話の相手に関心を寄せると話題を見つけることができます。出身地や職業は，個人的な話の中でも立ち入ったこと (something too personal) は避けながら相手に関心を示すことができる話題とすることができます。人は身に着けているものなどを褒められればとても嬉しく，それだけで **icebreaker**（心を開く／会話のきっかけ）になります。

　さらに使える **"here and now"** の原則は，目前の事象を話題にすることです。つまり，その場の状況について何か具体的にコメントできることを探すという手法です。会場や会合の様子をきっかけに話題の展開につながることはよくあります。さらには直近・最近の出来事を話題にするというアプローチも有効です。ただ，その場合も最初は政治と宗教の話は避けたほうが無難というのが一般論です。

Casual

💬 会話例

身に着けているものに関心を示す 🔊 I.4-1

A：I like your jacket. Nice looking.
（素敵なジャケットね。かっこいいわ。）

B：Thanks. I just got it on sale from T-Brown.
（ありがとう。セールで買ったばかり，T-ブラウンでね。）

A：T-Brown? What is their line like?
（T-ブラウン？　どんな感じのライン？）

B：American traditional. They are comfortable. I like them.
（アメリカのトラディショナルだね。着心地がよくて，好きなんだ。）

A：Is that right? I will check them out, too.
（そうなの。じゃ，私も見てみるわ。）

出身地について聞いてみる 🔊 I.4-2

A：Where are you from?
（どちらからきたの？）

B：New York. Been there?
（ニューヨークからよ。行ったことある？）

A：No, but I'd love to visit there sometime. I know you can enjoy good opera performances there.
（ううん，でもそのうちぜひ行ってみたいな。あちらでは素晴らしいオペラを楽しめるんでしょ。）

B：Oh, you like operas. I love them, too. Do you know what operas are scheduled for showing this coming autumn season?
（あら，オペラが好きなの。私も大好き。この秋のシーズンの出し物知ってる？）

その場のことを話題にする　◀)) I.4-3

A : Great breakfast meeting, isn't it?
（いい朝食会だね。）

B : It is! You come here often?
（ええ。よくくるの？）

A : A few times a month. How about you?
（月数回ね。君は？）

B : I'm here for the first time. Someone told me about this meeting.
（私は初めて。この会のことを教えてくれる人がいて。）

A : It's a nice place for networking with people from all walks of life.
（いろんな業界の人とのネットワーキングができていいね。）

B : But it's a bit intimidating for me, 'cause everyone seems so fluent in English.
（でも，ちょっと気後れしちゃいます。みんなすごく英語が上手みたいなので。）

A : You speak good English yourself!
（君だって英語，うまいじゃない。）

B : Thank you for saying so.
（ありがとう，そう言ってくれて。）

🗨 表現例

（1）相手の身だしなみに関心を示す 🔊 I.4-4

I like your shoes.

（素敵な靴ね。）

A great looking coat!

（かっこいいコート着てるじゃない。）

What a pretty ring!

（きれいな指輪ね。）

（2）相手の出身地や職業などに関心を示す 🔊 I.4-5

I'm from Hokkaido. How about you?

（私の出身は北海道。あなたは？）

Where are you from?

（国はどこ？）

I work for myself. What do you do?

（私は自営業なんだけど、あなたは何してるの。）

（3）その場のことを話題にする 🔊 I.4-6

Nice Auto Show! Come here often?

（いい自動車ショーね。よく来るの？）

Amazing, so many people so early in the morning.

（びっくりね、早朝だっていうのに、ずいぶん盛況で。）

（4）直近の出来事を話題にする I.4-7

Had a good flight?

（良いフライトだった？）

Anything new and interesting?

（何か面白い新情報ある？）

Been to the newly opened Shibuya Scramble?

（新しくオープンした渋谷スクランブルにもう行ってみたかい。）

Let me tell you what I just heard about the new development plan in Otemachi.

（大手町の新しい開発計画のことで，今聞いた話なんだけどさ。）

Semi-formal

💬 会話例

<u>出身地について聞いてみる</u> 🔊 I.4-8

A : So, Ms. Jones, may I ask where you are from?
（で，ジョーンズさん，どちらからおいでか聞いてもいいですか。）

B : I'm from Milton Keynes, England. The Woburn Golf Course is there.
（ミルトン・キーンズです。英国の。ウォーバーンゴルフ場がある地域です。）

A : Woburn! That's the place where the British Women's Open was held last month!
（ウォーバーン！　女子ゴルフメジャーの全英オープンが先月行われたところですね。）

B : That's right, Mr. Tanaka. A young Japanese woman surprised us all by winning the major.
（そうです，田中さん。若い日本の女性が，あのメジャーを制覇して，みんなをびっくりさせましたよね。）

A : Yes. Asada, Hina Asada! You know about her?
（そうです。浅田，浅田ひな，彼女のこと，ご存じですか。）

B : Of course! She was a sensation! She just turned pro about a year ago, didn't she?
（もちろんですよ。大人気でしたから。ほんの1年ぐらい前にプロになったばかりですよね。）

直近の状況を話題にする 🔊 I.4-9

A：So, how was the exhibition?
（展示会はいかがでしたか。）

B：The exhibition was very interesting. There was so much to see. I wish I had more time to spend.
（展示会はとても面白かったです。見るものがたくさんあったので，もう少し時間が取れればよかったんですが。）

A：I know what you mean. Maybe you can come back tomorrow.
（わかりますよ。明日またおいでになれたらいいですね。）

B：In fact, I might do so. How about you? What was your take on it?
（実際，そうするかもしれません。あなたはどうでしたか。どう思いましたか。）

A：I found EMC's compact flexible roll-up screens very attractive. I hope they will soon be made available on the market.
（EMC のコンパクト・フレキシブル・ロールアップ・スクリーンがとてもいいなあと思いました。まもなく販売開始になるといいと思います。）

💬 表現例

（1）相手の身だしなみに関心を示す ◀) I.4-10

You have an interesting necktie. Is it something special?

（面白いネクタイですね。何か特別なものですか。）

Is that your traditional costume? Do people wear it every day in your country or for special occasions?

（伝統衣装ですか。お国では皆さん日常的に着てるんですか，それとも特別の時に着るんですか。）

（2）相手の出身地や職業などに関心を示す ◀) I.4-11

May I ask which country you come from?

（どちらの国からおいでなのか聞いてもいいですか。）

Would you mind if I ask where in the United States you are from?

（アメリカのどちらからいらしたのか聞いても構いませんか。）

I'm from the sporting goods industry. What is your line of business?

（私はスポーツ用品業界で仕事をしていますが，貴方はどんなお仕事ですか。）

（3）その場のことを話題にする ◀) I.4-12

There are so many participants!　Do you attend this conference every year?

（盛況（すごくたくさんの参加者）ですね。この会議には毎年出席なさいますか。）

This event is really well-organized, isn't it?

（このイベントはすごくよく組織されていますね。）

（4）直近の出来事を話題にする ◀) I.4-13

How did you find the keynote speech?

（キーノートスピーチをどう思いましたか。）

Have you got any interesting news?

（何か面白い新情報はありますか。）

Have you seen the movie which won the Golden Bear Award at the Berlin International Film Festival last month?

（ベルリン国際映画祭で先月金熊賞を受賞した最新映画をもう観ましたか。）

Can I share with you what I just heard about the new development plan in Kansai?

（関西の新しい開発計画について今聞いたことをお伝えしてもいいですか。）

🗨 会話例

関連事項を話題にする 🔊 I.4-14

A：Madam Speaker, we are very happy to have you and your delegation for the World Conference on Women.
（議長，世界女性会議に議長と代表団をお迎えでき大変嬉しく存じます。）

B：We are honored to be invited. I understand you will have participants from more than 100 countries this year.
（お招きいただき大変光栄でございます。今年は 100 か国以上からの参加があるとうかがっております。）

A：That's right. We are so excited to have more than 800 delegates from 102 countries this year. And we are pleased to see many gentlemen participating as well at the conference.
（そうなのです。今年は 102 か国から 800 人以上の参加がありまして，大変喜んでおります。それに男性の参加も多いので嬉しく存じております。）

B：That's very important. Women's issues are also men's issues.
（それは大事なことですね。女性問題は男性の問題でもありますから。）

A：Indeed! Now, may we take you to the meeting venue?
（そうですとも。では，会場までご案内致します。）

🗨 表現例

（1）相手の身だしなみに関心を示す 🔊 I.4-15

May I say how well-made your suit is. It must have been tailored in Italy or in the UK.
（素晴らしいお仕立てのスーツをお召しですね。イタリアかイギリスでお仕立てになったんじゃないですか。）

What beautiful attire! It is very nice of you to come in your formal national costume! Is it made of silk?
（何て素敵なお召し物でしょう。お国の正装でお越しいただきありがとうございます。絹で出来ているのでしょうか。）

（2）相手の出身地や職業などに関心を示す 🔊 I.4-16

May I ask where you are from? / Allow me to ask where you are from.

（どちらからお越しかうかがっても構いませんか。）

May I ask what line of business you are in?

（どのようなお仕事をなさっていらっしゃるのかうかがってもよろしいですか。）

（3）その場のことを話題にする 🔊 I.4-17

Mrs. Tanaka, I am so impressed by your beautiful home.

（田中夫人，本当に素敵なお宅で，感銘いたしました。）

Mr. and Mrs. Watson, we are happy that you can enjoy a bit of Japanese hospitality.

（ワトソンさんご夫妻，日本式のおもてなしを少しばかりお楽しみいただければ大変嬉しく存じます。）

（4）直近の出来事を話題にする 🔊 I.4-18

We hope you had a pleasant dinner party.

（楽しい夕食会でしたでしょうか。）

May we ask if you have any interesting news you can share with us?

（我々と共有していただける何か面白い新情報をお持ちかどうかうかがってもよろしいですか。）

I hope you don't mind if I tell you about one of the most international universities in Okinawa. I was there last week. More than seventy percent of their faculty and students are from outside Japan.

（沖縄にある国際化が最も進んだ大学のお話をさせてくださいますか。先週そちらへ行ったのですが，教授陣と学生の7割以上が外国から来た人達なのです。）

話題を発展させるときのコツ "Here & Now" の原則

1 相手の服装などに関心を示す
2 目前の事象を話題にする
3 最近の出来事を話題にする

　日本語なら話題はいくらでもあるのだけれど，英語になるとなかなか会話を進められないという経験は，実は筆者にとっても他人ごとではありませんでした。無意識のうちにも，何か高邁な話題，かっこいいことを話題にしなければならないと思ってしまっていたのかもしれません。

　ある時ホテルオークラのロビーでクライアントを待っていると，アメリカ人らしい2組の着飾ったカップルを見かけました。待ち合わせをしてこれから夕食会へでも出かけるところのようでした。こんなやり取りをしていました。

Man : Look at this beautiful couple! Hi, Jane! Hi, Steve!

男性：見てくれ，なんて素敵なカップルなんだ。やあ，ジェイン。やあ，スティーブ。

Lady : Hi, Bob! Hi, Hanna! You look gorgeous!

婦人：あらあ，ボブ！ハナ！あなたたちこそゴージャスじゃない！

　そこから2組のカップルは，ひとしきり身に着けているものを褒めあったり，今日の経験について情報交換をしたりと，迎えを待つ間だけでも，つぎつぎと話題が尽きないようでした。私は，そうか，相手に関心を持ち，今目の前で展開している物事や直近の出来事に関心を持てば話題には事欠かないのだと気付きました。"here and now" の原則です。

　人は誰でも生まれながらにして「認められたい，褒められたい，愛されたい，自由でありたい，人の役に立ちたい」という5つの願いを持っていると言います。最近は日本でも，"Good job!"（よくやったね）という表現を耳にするようになりました。互いに今そこにいる相手の良いところを見つける努力も，よいコミュニケーションの発展につながっていきそうです。

Ⅰ.5　会話を切り上げる
－ Ending the conversation

　　読者の皆さんは上手な会話の切り上げ方について悩んだことはありませんか。そろそろ仕事や勉強に戻りたいのに話が予想以上に長引くようなとき，相手に気まずい思いをさせずに会話を終えるためには，（1）話題に区切りをつける，（2）会話を終える理由を述べる，（3）感謝の表現，（4）別れの挨拶のステップをとりましょう。「話題に区切りをつける」ためには "Sorry" や間投詞の "Well" または "Well, then" "All right" "Anyway" などを挟んで，長く話せないことを直接または間接的に述べると良いでしょう。その場で起こっていることに目を向けて話題を変え，それをきっかけに会話を切り上げるのも効果的です。また "Thank you" も会話を締めくくりたいという気持ちを伝えるでしょう。そして，会話を終えなければいけない理由をはっきりと説明し，相手への感謝の気持ちを伝えます。もし相手がもっと話をしたがっていると思われるときは，次の機会があることを示唆する表現を加え，最後は別れの挨拶で締めくくります。

💬 会話例

<u>久しぶりに再会した友人との会話を切り上げる</u> 🔊 I.5-1

A：Hi, Emily! Long time no see.
（エミリーじゃないか。久しぶり。）

B：Masao? How are you?
（マサオなの？ 元気？）

A：I'm doing great. What brought you here?
（元気だよ。なんでここにいるんだい。）

B：This is my father's coffee shop. I sometimes come to help him.
（ここは父のやっているコーヒーショップなの。ときどき手伝いにくるのよ。）

A：What a coincidence! I just opened my office near here.
（偶然だね。僕この近くでオフィスを開いたばっかりなんだ。）

B：How nice! Would you like to meet my father?
（まあ素敵！ 父に会ってくれる？）

A：Sorry, I have to go. My client is coming. See you again soon.
（ごめん。もう行かなきゃ。クライアントが来るんだ。近いうちにまた会おうよ。）

B：Sure.
（もちろんよ。）

友人が始めようとした話を切り上げる ◀》I.5-2

A：What are you up to this afternoon? I'm going to a movie.
（午後は何するの？　僕は映画に行くんだ。）

B：I'm going to see Professor X.
（X教授に会いに行くの。）

A：Professor X is a well-known psychologist, but hard to please, isn't he?
（X教授は高名な心理学者だけど，気難しくないか。）

B：Maybe. But I want him to be a supervisor for my doctoral research.
（たぶんね。でも私は博士研究の指導教官になってほしいと思っている。）

A：Are you serious? The other day, one of my close friends complained about him. Do you know why he has moved here from Y university?
（マジで？　先日，親しい友人が文句を言っていたよ。教授がY大学からここに移った理由を知っているかい。）

B：Oh, I must go now. He will be mad if I'm late. I'll talk to you later.
（ああ，もう行かなきゃ。遅刻したら雷落とされるわ。また後で。）

A：Good luck.
（がんばって。）

🗨️表現例

（1）立ち話などの偶然に始まった会話を切り上げる 🔊 I.5-3

Sorry, I'm gonna go. I'll catch you later.

（悪い。行かなきゃ。またな。）

Well, good seeing you. Bye.

（さてっと，会えてよかった。バイバイ。）

This was fun. I'd love to talk more, but I gotta go now. See you tomorrow.

（楽しかった。もっと話したいけど，もう行かなくちゃ。またあした。）

（2）立食パーティでの会話を切り上げる 🔊 I.5-4

Look! They serve Belgian beer. Let's go and grab one.

（見ろよ，ベルギービールがでている。ひと瓶もらいに行こうぜ。）

＊話題を転換して相手の注意を別のことに促しています。

（3）時間がないことをはっきり伝える 🔊 I.5-5

Hey, do you have the time? Oh, it's already 11 o'clock. I gotta run. See you.

（ちょっと，時間分かる？ ええっ，もう 11 時。急がなきゃ。またね。）

＊相手に時間を尋ねることによって，会話の流れを中断する
ことができます。相手が話し続けているときに，自分の時
計を見るよりも感じがよいでしょう。

Semi-formal

🗨 会話例

職場を尋ねてきた取引先の人との立ち話を切り上げる 🔊 I.5-6

A：Hello, Ms. Kimura. It's good to see you again.
（こんにちは，木村さん。またお会いできて嬉しいです。）

B：Oh, Mr. Tachibana. Is our joint project going well?
（ああ，橘さん。わが社との共同プロジェクトはうまくいっていますか。）

A：Of course. I will have a meeting with Mr. Takano to discuss the production schedule. Do you know Dr. Chow is helping us now?
（もちろんです。生産のスケジュールについて高野さんとミーティングがあるんです。今はチャオ博士が手伝ってくれていますが，ご存じですか。）

B：Really? He is a front runner in the field of medical robotics, isn't he?
（本当ですか。医療ロボット学の第一人者ですよね。）

A：It's a long story. We happened to meet him at an academic meeting three years ago.
（長い話になりますが，3年前に学術会議でたまたまお会いしました。）

B：I'm eager to know what happened, but I'm sorry I have an appointment with my client.
（ぜひお話を聞きたいのですが，これからクライアントとの約束があるんです。）

A：How about going out for a drink tonight?
（今晩，一杯つきあいませんか。）

B：Great! I would like to.
（いいですね！喜んで。）

A：I'll give you a call. See you then.
（電話します。じゃ，また後で。）

💬 表現例

（1）大勢の人が集まる催しの会場で偶然始まった会話を切り上げる 🔊 I .5-7

Sorry, I can't talk long. I've got to go find my friends. This was fun. See you next time.

（すみませんが，お話はこのぐらいで。友人を探さなければいけないので。楽しかったです。またお会いしましょう。）

（2）相手の話が予想以上に長引きそうなとき 🔊 I .5-8

Well, I'd love to chat a little longer, but I have a doctor's appointment at three. Anyway, it was good seeing you. See you soon.

（あの，もっとお話ししたいのですが，3時にお医者さんのアポイントメントがあるので。ともかく，お会いできて良かった。ではまた。）

Very good. Let's talk more at lunch. I must finish up this report by 10. See you then.

（大変結構ですね。昼食の時にもっと話しましょう。10時までにこのレポートを仕上げないといけないので。では後ほど。）

Wow, a lot's been happening in our neighborhood. Very interesting. Let's talk about it more later.

（なんと，近所でいろいろなことが起こっているんですね。とても面白い。後でもっと話しましょう。）

Well, thank you for taking the time. I'm sure you've got lots of things to do. I'll let you get to them. Let me know if there's anything I can do to help you.

（ともかく，私のために時間を取ってくれてありがとう。あなたはきっとたくさんしなければいけないことがあるんでしょう。そちらのことに戻っていただきましょう。何か私でお手伝いできることがあったら言ってください。）

＊相手が熱心に話を続けようとするときは，その時間が取れない具体的な理由を伝える必要があります。

Formal

💬 会話例

歓迎会を早めに退出したいとき 🔊 I.5-9

A : Professor Pike, may I invite another guest to give his welcome speech and sing a song for you? We hear he was not planning to come today, but he changed his plans to meet you.

（パイク教授，もう1人の来賓から歓迎の辞と歌をご披露いただいてよろしいでしょうか。本日は出席なさらないと聞いていたのですが，予定を変更してお越しになりました。）

B : I'll be delighted to hear his speech and singing, but quite unfortunately, I must leave soon to catch an airplane.

（お言葉と歌を聞かせていただくのは嬉しいですが，大変残念なことに飛行機の時間があるので間もなく退出しなければいけません。）

A : I'm sorry for the inconvenience. Well, ladies and gentlemen, as you all know, Professor Pike is a very busy person. He says he would like to stay longer and talk with many more people, but he needs to leave now.

（運営がまずく申し訳ありません。ご出席の皆様，ご存じのようにパイク先生は大変お忙しい方で，もっとここで多くの皆様とお話をされたいとのことですが，ご出発の時刻となりました。）

B : Thank you for your cordial welcome. I'm sorry to leave so quickly, but it's been a pleasure to meet such wonderful people. I hope to continue our friendly relationship.

（温かいご歓迎を頂きありがとうございます。こんなに早く失礼することになり申し訳ありませんが，このように素晴らしい方々にお会いできて嬉しく思います。この友好関係が続くように願っています。）

💬 表現例

（1）パーティなどで地位の高い人との会話を切り上げる 🔊 I.5-10

I don't want to take up all your time. I'm sure there are many people who'd like to talk to you. It was nice talking to you. I hope to see you soon at another event.

（あなたの時間を私が全部ひとり占めにするようなことはしたくありません。あなたと話をしたい人はきっとたくさんおられるでしょう。お話しできて良かったです。近いうちに別のイベントでお会いできればと思います。）

（2）司会者が長引きそうな議論を切り上げる 🔊 I.5-11

Well, I think we've covered everything we need to discuss. Thank you for taking time. This was a productive meeting. I'll get back to you about these things later.

（話し合うべきことはすべて話したと思います。時間を取っていただいてありがとうございます。とても実りあるミーティングでした。これらの事柄については後ほどご連絡します。）

I believe your ideas sound really promising. I appreciate your sharing them with us. I hope you will put them in action soon.

（あなたのアイデアは本当に期待できると確信します。私たちに話してくださったことを感謝します。近いうちにそれを実行に移されるよう願っています。またお会いしましょう。）

I know you'd like to continue with this very interesting discussion, but we are running out of time. Let me conclude this seminar. Thank you for your great contribution. See you later at the party.

（皆様がこの大変興味深い議論を続けたいと思っておられることは承知していますが，時間が無くなりました。このセミナーはこれにて終了させていただきます。皆様のご貢献に感謝します。後ほど，パーティでお目にかかりましょう。）

「会話を切り上げる」ときの流れ

1. 話題に区切りをつける
2. 会話を終える理由を述べる
3. 感謝の表現
4. 別れの挨拶

　上手に会話を切り上げるためにはジェスチャーなどの非言語コミュニケーションも役に立ちます。

　さりげなく柱時計の方を見たり，手帳に目を落としたりすると，そろそろ会話を切り上げたいという気持ちが伝わります。立ち話であれば自分が次に向かう方向に姿勢を向けてみましょう。立食パーティのように大勢の人が集まる場面では，遠くに視線を向けるのも効果的です。

　このような仕草とともに，"Well" と切り出せばほとんどの会話はスムーズに終わるはずです。最後に相手の表情を見て，納得していることを確かめてから次の行動に移るように心掛けましょう。

I.6　誘う・誘いを受ける
– Giving / receiving an invitation

　　人を何かに誘う場面は，「コーヒー飲まない？」「一緒にランチは
どう？」のような軽い誘いから，「今度のプロジェクトに参加しな
いか？」「御社にこの製品の共同開発を提案します」のような正式
の誘いまでいろいろなレベルがあります。

　　誘うときは，（1）直接的な誘いのことばをかける，（2）誘う前
に相手の都合を聞く，（3）誘う前に誘いたい事柄の説明をする，
（4）誘いたいという意志を表明する，の4つのアプローチを組み
合わせると良いでしょう。ここでは Casual，Semi-formal，
Formal の会話例に続いて，アプローチごとに3つのレベルの表現
例を示します。また，（5）誘いを受けるときの表現例も挙げてお
きます。

💬会話例

Casual

親しい人に飲み物を勧める ◄))I.6-1

A：Do you wanna grab a beer? 〈直接的な誘い〉
（ビールはどう？）

B：Sure.
（もちろん。）〈誘いを受ける〉

Semi-formal

友人をミュージカル鑑賞に誘う ◄))I.6-2

A：Are you free tonight? 〈相手の都合を尋ねる〉
（こんばんはお暇ですか。）

B：Yes. （ええ。）

A：Would you like to go to a musical with me? 〈直接的な誘い〉
（私と一緒にミュージカルに行きませんか。）

B：It sounds great! I'd love to. 〈誘いを受ける〉
（いいですね！喜んで。）

Formal

公式な行事への参加を誘う ◄))I.6-3

A：Our town plans to invite people from all over the world to
our local festival. I would be delighted if you would come and
join us. 〈誘う前に誘いたい事柄の説明をする〉
（私たちの町は地元の祭りに世界中の人を招待する計画です。あなたがおいでくだ
さるようであれば嬉しく存じます。）

B：Certainly. It would be my pleasure. 〈誘いを受ける〉
（もちろんです。喜んで（参加させていただきます）。）

💬 表現例

（1）直接的な誘いのことばをかける

Casual から Semi-formal，時には Formal にも使えるアプローチです。
相手の返事をすぐに聞きたいときに使います。

① 命令文 🔊 I.6-4

Casual

Come skiing with me.
（僕とスキーに行こう。）

Come to a barbecue party with me.
（私とバーベキューパーティに行きましょうよ。）

② "Let's 〜" 🔊 I.6-5

Casual~Semi-formal

Let's go out this weekend.
（この週末はでかけよう。）

Let's go to a bar. It's on me.
（バーに行こう。僕のおごりだ。）

③ Yes-No 疑問文 🔊 I.6-6

Casual

Do you wanna grab a coffee?
（コーヒー飲まない？）

Do you want to go to a movie?
（映画を見に行かない？）

＊ "wanna" は "want to" を縮めて発音するもので，かなり
Casual な印象を与えます。

Semi-formal

Do you feel like going to [on] a picnic?
（ピクニックに行きませんか。）

Shall we dance?
（踊りましょうか。）

Would you like to have lunch with me?
（一緒にランチはいかがですか。）

　　　　　　　　　　＊ "Would you like to ~?" は "Do you want to~?" より
　　　　　　　　　　　も丁寧な印象を与えます。

Would you care to join our chorus?
（私たちのコーラスにお入りいただけますか。）

　　　　　　　　　　＊ "care to ~" は "like to ~" に比べて，大人っぽい表現と
　　　　　　　　　　　いう感じがします。

Formal

May we ask you to be our guest speaker at the 21st conference of
Japan Social Welfare Society?
（日本福祉学会第 21 回会議の招待講演者をお願いしてもよろしいでしょうか。）

Your excellency, may we have the honor of your presence at the
party tonight?
（閣下，今宵のパーティにご臨席を賜りたく存じますがいかがでしょうか。）

　　　　　　　　　　＊いずれも格式ばった丁寧な表現です。

Casual~Semi-formal

How about a cup of tea?
（お茶でもどう。）

How about coming to Nick's birthday party?
（ニックの誕生日パーティに来ないか？）

       * "How about~?" は動名詞（~ing）と名詞節（S+V）の
       どちらも使えます。

What do you say if I buy you lunch?
（僕がランチをおごるけどどうかな。）

Why don't you join us ?
（君も参加しないか。）

       * "Why don't you~?" は軽い誘いの表現。ビジネスの場面
       でも使えますが，上から下への目線を感じさせるため，
       上司に使うのは避けた方が良いでしょう。

Semi-formal~Formal

Why don't we come back to this issue later?
（この件については後でもう一度検討したらどうでしょう。）

What would you say if I offer you a senior management post?
（あなたに上級管理職をお願いさせていただきたいのですがいかがでしょう。）

（2）誘う前に相手の都合を聞く

誘いの前にワンクッション置くことから，少し丁寧な印象を与えます。
casual から formal まで広く使えるアプローチです。

① Yes-No 疑問文 🔊 I.6-8

相手の答えが "Yes" なら，続けて誘いの言葉をかけます。

Casual~Semi-formal

Are you free tonight?
（こんばんはお暇ですか。）

Are you doing anything after work?
（仕事が終わったあと何か予定はありますか。）

Do you have any plans this summer?
（今年の夏は何か計画があるんですか。）

② 疑問詞を使う場合 🔊 I.6-9

相手から "I have no plans"「まったく予定はない」とか "Nothing special"
「特に何もない」のような答えが返ってきたら，誘いのことばをかけます。

Casual

What're you up to this weekend? （この週末は何するの。）

> * "What're you up to + 時間・時期 ?" はかなり casual
> な表現です。

Semi-formal~Formal

What are you going to do after this?
（これが終わったらどうされますか。）

What will you be doing on Sunday if I may ask?
（お尋ねしてもよろしいようでしたら，日曜日には何をなさるのかお聞かせください。）

（3）誘う前に誘いたい事柄の説明をする ◀)) I.6-10

Semi-formal~Formal

I am going to open an accessory shop next Sunday.
（私は次の日曜日にアクセサリーショップを開店します。）

We will organize a conference on eco-friendly agriculture in August.
（私たちは8月に環境にやさしい農業に関する会議を開きます。）

> ＊このように誘いたい状況を先に説明した上で，"Would you like to come to the opening party?"「オープニングパーティに来ませんか」というような誘いのことばをかけます。

（4）誘いたいという意志を表明する　◀) I.6-11

疑問文の形はとっていなくても相手は返事を求められていると感じます。

Semi-formal~Formal

I would like to invite you to our wedding ceremony.
（私たちの結婚式にあなたをご招待したいと思います。）

I'd like to ask you to give a speech at the opening ceremony of
the exhibition.
（展示会の開会式でスピーチをしていただけるようお願いします。）

We would really appreciate it if you would participate in our
research project.
（もしあなたに私たちの研究プロジェクトに参加していただけるのであれば本当に嬉し
く思います。）

I was wondering if you would like to join us.
（私たちとご一緒していただけないかと思っておりました。）

I'd love to have you with us at the ceremony.
（私たちと一緒に式典にご出席いただければ幸いです。）

I hope you will be able to visit our university next year.
（来年，あなたに私たちの大学を訪問していただけるよう願っています。）

I wonder if you'd mind coming with us to the Best Scholar Award
ceremony next month.
（私たちと共に来月開かれる最優秀学者賞授賞式においでいただけないでしょうか。）

（5）誘いを受けるときの表現 🔊 I.6-12

casual な場面では「感謝」表現のみで十分ですが，formal 度が上がるにつれてひと言付け加えるようにしましょう。

Casual

Thank you.
（ありがとう。）

Sure.
（もちろん。）

Thanks. It sounds good.
（ありがとう。いいですね。）

Semi-formal~Formal

Thank you for your kind invitation. I'm looking forward to seeing you then.
（ご親切なご招待ありがとうございます。その時にお目にかかるのを楽しみにしています。）

I would be happy [I would love] to join you.
（喜んであなたとご一緒します。）

I would be delighted to attend such an auspicious ceremony.
（そのようにおめでたい式典には大いなる喜びをもって参加させていただきます。）

I would be honored to accept your invitation.
（謹んでご招待をお受けします。）

> ＊誘いを断るときは，感謝のことばの後に "but" を続け，"I'm sorry ~" "I'm afraid ~" のような残念な気持ちを表す表現と共に誘いに応じられないことを伝えます。I.7「断る」を参照してください。

誘うときのまとめ：４つのアプローチを組み合わせる

> **1** 直接的な誘いのことばをかける
> **2** 誘う前に相手の都合を聞く
> **3** 誘う前に誘いたい事柄の説明をする
> **4** 誘いたいという意志を表明する

　最も casual な場面では，いきなり疑問文や命令文を使います。家族や親しい友人に映画に行こうというような軽い誘いをするときは，ストレートな言い方が好まれるでしょう。付き合い始めたばかりでまだすこし遠慮がある人に対しては，その日の都合や，興味があるかどうかなどを尋ね，その返事を受けてから誘いのことばをかけます。返事が "No." でも，相手は興味を惹かれて "Why do you ask?"（どうしてそんなことを聞くの？）と返してきますから，それを受けて誘いたい事柄の説明に進みます。

　さらに formal な場面では，誘いたい事柄の説明やこちらの希望をあらかじめ伝えておくようにします。これは必要な情報を十分提供することにより，相手が的確な判断に基づいて適切な返事をするのを助けるからです。親しい間柄なら，最初は断ったけれど話を聞いているうちに考えが変わることもよくありますが，formal な場面では慎重さが求められます。

　「誘いたいという意志の表明」の "I would like you to come to my office." などは casual な表現としても使えますが，声のトーンや相手との関係によってはかなり高圧的な印象を与える可能性もあるので注意しましょう。

I.7 　断る
− Declining an offer

　依頼やお誘いを断るときは，まず相手の好意をありがたく受け止めましょう。まず「申し訳ない」や「残念」という気持ちを表した上で断りを伝え，その理由を述べて，さらに感謝の気持ちを表し，できればその埋め合わせの提案をするというステップを取るようにします。

　誠意を示すことができれば，相手の感情を傷つけず，人間関係はむしろ深まるかもしれません。"I'm sorry, but..." はどんな場面にでも使える便利な表現です。ここでは Casual, Semi-formal, Formal のレベル別に相手の依頼と断りの返事の会話例を示し，その後に断りの表現例を紹介します。

会話例

簡単な頼みや誘いを断る 🔊 I.7-1

A：Come and join us!
（一緒に来いよ。）

B：Sorry, I have to study.
（やめとく，勉強あるから。）

A：Let me meet your girlfriend.
（あなたのガールフレンドを紹介してよ。）

B：No way.
（とんでもない！）

> ＊ "wanna" は "want to" の省略形なので，三人称を主語に
> した場合の "wants to" の代わりに "He wanna go." とは
> 言えません。かなりくだけた表現なので，家族や親しい友
> 人などに話しかける場合に限定されます。

A：Do you want some more coffee?
（もう少しコーヒー飲む？）

B：No, thank you. I'm OK.
（いらない，これでいいよ。）

💬表現例 🔊 I.7-2

No way.
（無理。不可能。）

Certainly not.
（もちろんダメ。）

No, I won't.
（いや，やらない。）

No, thank you.
（いや，結構。）

Nah. / Nope.
（いやだ。）

* No. のくだけた言い方で casual な場面に限定。

Not a chance.
（ありえない。）

気軽に断ることができるときは率直な表現でかまいませんが，次のような言葉を添えると雰囲気が和らぎます。

Sorry.
（ごめん。）

But thanks for asking me.
（でも，聞いてくれてありがとう。）

Maybe some other time.
（またね。）

💬 会話例

パーティへの誘いを断る 🔊 I.7-3

A : Would you like to come to the party?
（パーティに来たらどうですか。）

B : I'm sorry, but I have other plans tonight.
（ごめん，今夜は別の予定があるの。）

A : I see. It's too bad.
（そうですか。それは残念。）

B : Maybe next time.
（次の機会に。）

プレゼンテーションの依頼を断る 🔊 I.7-4

A : Would you give a presentation at the meeting tomorrow?
（明日の会議でプレゼンしてくれないかしら。）

B : Thank you, but I don't think I can. I have something important to do tomorrow.
（ありがたいけれど，できそうもないよ。明日は大事な用事があるんだ。）

A : It's a shame. I can't think of any person better suited to give the presentation.
（それは残念。あなたより適任の人は思いつかないわ。）

B : Why don't you ask Joe? He is very knowledgeable about this topic.
（ジョーに聞いてみたらどうだろう。彼はこのトピックに詳しいよ。）

コンサートへの誘いを断る 🔊 I.7-5

A：Would you like to go to a jazz concert with us?
（私たちと一緒にジャズのコンサートに行きませんか。）

B：It sounds great, but I'm afraid I can't. I'm having dinner with my wife's parents tonight.
（それはすごい，でも残念ながら行けないよ。今晩は妻の両親と会食するんだ。）

A：How nice! Have a good time.
（素敵ね。楽しんでください。）

B：You, too.
（皆さんも。）

💬 表現例 🔊 I.7-6

Thank you for your invitation, but I have another appointment. I'm sorry.
（誘ってくださってありがとう。でも，悪いけど他の約束があるの。）

I'd love to, but I really don't have time.
（ぜひそうしたいけれど，本当に時間がないんです。）

Unfortunately, I will be on a business trip tomorrow.
（残念ながら，明日から出張なんです。）

I'll take a rain check.
（次の機会にお願いします。）

💬 会話例

学術集会の座長の役目を断る 🔊 I.7-7

A : Dr. Garret, we hope you will serve as a chairperson of a panel discussion in the next academic meeting.
（ギャレット博士，私たちは次の学術集会のパネルディスカッションで座長を務めていただきたいと願っております。）

B : I feel deeply honored by your offer, but, unfortunately, I will be abroad on that day. I wish you success with the meeting.
（そのようなお申し出を頂き大変光栄に存じますが，残念ながら，その日は海外におります。集会の成功をお祈りしております。）

スピーチの依頼を断る 🔊 I.7-8

A : Professor Wright, may I ask you to give a speech at the commencement ceremony of our university?
（ライト教授，私たちの大学の卒業式でスピーチをしていただけないでしょうか。）

B : I wish I could, but I must attend my granddaughter's wedding ceremony on that day. I'll be happy to do so at another time.
（お受けしたいのは山々ですが，その日は孫娘の結婚式にでなければなりません。また別の機会があれば嬉しく思います。）

もてなしを断る 🔊 I.7-9

A : Your Royal Highness, Princess Beatrice. May I guide you to a special tea ceremony that has been prepared for you? Students of our tea ceremony club are waiting to serve you.
（ベアトリス王女様，王女様のための特別なお茶会にご案内してもよろしいですか。茶の湯クラブの学生がお待ちしております。）

B : What wonderful hospitality! I'd love to, but I don't have time today. Please send them my best regards.
（まあ，なんて素晴らしいおもてなしでしょう。ぜひ伺いたいところですが，今日は時間がございません。皆さんによろしくお伝えください。）

🗨表現例 🔊 I.7-10

<u>目上の人からの急な誘いを断るとき</u>

I wish I could, but I have to meet the Chairman of the Board soon. Thank you for your invitation. I look forward to another chance.

（ぜひそうさせていただきたいところですが，まもなく理事長にお会いしなければいけません。お誘いいただきありがとうございます。またの機会を楽しみにしております。）

<u>大事な返事を保留したいとき</u>

I am honored by your offer. May I give it some thought? When shall I give you an answer?

（お申し出を光栄に存じます。少し考えさせていただけませんか。いつごろお返事を差し上げればよろしいでしょうか。）

<u>埋め合わせの提案</u>

Unfortunately, I have another plan tonight. Please tell me which date is convenient for you?

（残念ですが今日は別の予定があります。あなたのご都合の良い日を教えていただけますか。）

Sorry to say, I am in the middle of something. I think Mr. Jackson can help you. Would you like me to call him?

（申し訳ありませんが私は手が離せません。ジャクソンさんがお力になれると思います。私から電話をしましょうか。）

「断る」ときの流れ

1 残念な気持ちを表す
2 断りを述べる
3 断る理由を説明する
4 感謝する
5 埋め合わせの提案をする

　依頼や誘いの話を聞いて，すぐに断ろうと思うことがあっても，相手を遮らずに最後まで丁寧に聞くようにします。親しい間柄の軽い断りでは直接的な言い方でもかまいませんが，semi-formal や formal な場面では "Unfortunately" "I'm sorry." "I wish I could..." など，最初に残念な気持ちを表します。ただし，相手に悪いと思ってあれこれと前置きをしていると，間違った期待（a false hope）を与えてしまう恐れがあります。はっきりと丁寧に断ることができるように心がけましょう。

　断る理由を具体的に言いたくないときは "I'm really busy." (本当に忙しい) "I have something else to do." (他の用事がある) などが無難な常套句ですが，大切にしたい相手に対しては十分納得してもらえるように具体的な説明を心がけてください。

　最後に，お誘いや依頼をしてくれたことに感謝し，次につながるような提案をすれば良い人間関係を築くことができるでしょう。

I.8 感謝を表す
— Expressing appreciation

　　感謝すべきことには，「落としたものを拾ってくれた」「ドアを押さえておいてくれた」などの日常的な親切から「勤め先で大きな仕事に大抜擢された」「失くした書類を届けてくれた」や「命を救われた」などまで影響の大きさに違いがあります。

　　ここでは Casual，Semi-formal，Formal の会話例を紹介し（1）"thank"，（2）"be grateful"，（3）"appreciate"，（4）"appreciation / gratitude" を使った表現例に加え，（5）感謝という意味の単語を用いない表現例を紹介します。感謝表現に添えて，（6）具体的に自分の気持ちをさら示す表現を使うとさらに丁寧になります。

　　会話例には，どの表現が使われているかを数字で示します。

💬 会話例

Casual

<u>友人にサプライズパーティを開いてもらったとき</u> 🔊 I.8-1

A：Happy Birthday to you!
（お誕生日おめでとう。）

B：Wow! You shouldn't have, but I really appreciate this.
（わあ。そんなに気を遣わなくても良かったのに。でも本当にありがとう。）

Semi-formal

<u>同僚に仕事を手伝ってもらった</u> 🔊 I.8-2

A：It's nice to finish the work finally.
（やっと仕事が終わって良かった。）

B：I really owe you. Thank you for staying late. I would have never finished this without you.
（恩に着ます。遅くまでありがとう。あなたがいなければ終わりませんでした。）

Formal

<u>式典の出席者に対する挨拶と出席者からの答礼</u> 🔊 I.8-3

A：It is my pleasure and privilege to welcome you to the opening ceremony. I'd like to express my appreciation for your attendance today.
（開会式に皆様をお迎えすることは私にとって喜ばしく光栄なことです。ご出席くださいまして誠にありがとうございます。）

B：Thank you for your kind words. The pleasure is mine. I'm especially grateful to be present for such an auspicious event to celebrate the start of our sister city relationship.
（ご親切なお言葉ありがとうございます。私の方こそ喜ばしく思っております。私たちの姉妹都市関係の始まりを祝う幸先の良い催しに出席させていただきましたことに感謝申し上げます。）

💬 表現例

（1）"thank" を使う 🔊 I.8-4

動詞 "thank" だけでなく形容詞の "thankful" も使えます。形容詞は be 動詞の後に続けます。たくさんの言葉を添える方が formal 度があがります。

Casual

Thanks.（ありがと。）

Thank you.（ありがとう。）

Thanks a lot.（どうもありがとう。）

Thanks a bunch.
（どうもありがとう。）

Thanks a million.
（どうもありがとう。）

Semi-formal

Thank you very much.
（どうもありがとう。）

Thank you so much.
（どうもありがとう。）

Many thanks for your cooperation.
（協力してくれてどうもありがとう。）

I can't thank you enough.
（感謝しきれません。）

To say thank you is not enough.
（ありがとうでは済まないぐらい感謝しています。）

Formal

I'm so thankful for your help.
（助けてくれてどうもありがとうございます。）

Thank you for everything.
（何から何までありがとうございます。）

＊これらの後に感謝している事柄を述べるときは
for 〜（名詞，動名詞）で続けます。
…for your help. 助けてくれてありがとう。
…for giving me good advice. 良いアドバスをありがとう。

（2）形容詞 "grateful" を使う ◀)) I.8-5

形容詞なので be 動詞と一緒に使います。semi-formal や formal な表現になります。

Semi-formal~Formal

I'm so grateful for your assistance.
（助けてくれてとても感謝しています。）

I'm very grateful to you for arranging tours for my family.
（私の家族のために旅行の手配をしてくれて本当にとても感謝しています。）

＊ "thank" と同じように感謝する事柄は for~ （名詞，動名詞）で続けます。

（3）動詞 "appreciate" ◀)) I.8-6

人ではなく行為に感謝するという意味で使います。"I appreciate you" のように人を目的語にすることはできません。 "thank" よりはやや硬いですが，すべてのレベルで使えます。

Casual~Semi-formal~Formal

I truly appreciate your kindness.
（あなたのご親切には心から感謝しています。）

Your great contribution is much appreciated.
（あなたの大きな貢献にとても感謝しています。）

（4）名詞 "appreciation" "gratitude" を使う ◀)) I.8-7

"express" と「謝意」を表す名詞 "thanks" "appreciation" "gratitude" を組み合わせることもできます。その場合は "my" や "our" を名詞の前につけるのが普通です。かなり formal な言い方です。

Formal

Let me express my sincere appreciation for sponsoring this event.
（このイベントのスポンサーをしていただき心から感謝します。）

I'd like to express my heart-felt gratitude to your company for giving me this opportunity to visit Japan.
（日本を訪問する機会を与えていただきましたことに対し，御社に心から感謝いたします。）

（5）「感謝」という意味の単語を使わないで謝意を表す表現 ◀)) I.8-8

これらの表現は，単独でも「感謝」を表しますが，他の表現と組み合わせてさらに深い謝意を表すことができます。

You shouldn't have.

（どうもありがとう。）

> ＊プレゼントをもらった時などに「そんなお気遣いをしていただく必要はなかったのに」というような気持で使う表現です。You shouldn't have done it. の "done it" が省略された表現です。casual でも使いますが，丁寧な印象を与えます。

I owe you one. / I owe you a debt.

（借りができたね。）

I owe you my life.

（あなたは私の命の恩人です。）

I don't know what to say.

（なんと言えば良いのか分かりません。/ 感謝の言葉が見つかりません。）

It's so kind of you to help us.

（私たちを助けてくださるなんて，本当にご親切です。）

You are the best.

（あなたは最高です。）

Much obliged.
（どうもありがとうございます。）

I am very much obliged to you.
（大変感謝しています。恐縮です。）

You saved my day.
（助かりました。）

You saved my life.
（あなたは命の恩人です。）

＊実際に命を救ってもらったとき以外の状況で「とてもあり
がとう」という気持ちを伝えるのに使えます。

（6）さらに自分の気持ちを表現する ◀))) I.8-9

Without your help, I would have stayed overnight in the office.
（あなたの助けがなければ，私はオフィスで徹夜したでしょう。）

Next time you need help, please call me.
（次に手助けが必要なときは，電話してください。）

Our university might have run into big trouble, without your
advice.
（あなたの助言がなければ，うちの大学は大きなトラブルを抱えていたかもしれません。）

感謝をあらわすときの流れ

> **1** 感謝のことばを述べる
>
> **2** 誰に対して何を感謝するかを述べる
>
> **3** さらに自分の気持ちを表現する

　英語の感謝の表現としてはほとんどの場合 **"Thank you."** を使うことができれば十分ですが，大勢の人たちに次々と謝意を表さなければいけない場面もあるので，レベル別にいくつか使える表現を用意しておくと安心です。

　日本語では「この度はありがとうございます」「先日はどうも」のように具体的な事柄を言わずに済ませることがよくありますが，英語では感謝のことばだけでなく「誰に対し」「何について感謝しているか」を述べるのが一般的です。コーヒーをごちそうになったときに日本語で「コーヒーをいただいてありがとう」と言うと丁寧過ぎる感じがしますが英語では **"Thank you for the coffee."** が普通です。言外の意味を察する日本語の会話と比べると少し面倒に思われるかもしれませんが，英語では具体的に述べるほど，強い感謝の気持ちが表れていると受け止められます。

　もし，感激のあまりことばに詰まってしまったらどうすればよいでしょうか。心配はいりません。**"Thank you."** と言いながら満面の笑みを浮かべましょう。きっと万国に通じるはずです。

　謝罪するときは，（1）謝罪のことばに続いて，（2）謝罪すべきことを示す，（3）状況を説明する，（4）責任を認めるまたは後悔の気持ちを表す，（5）今後に向けた前向きの発言を組み合わせると良いでしょう。謝罪の言葉に付け加える表現が多いほど丁寧になります。

　日本社会では，言い訳をせず，ひたすら頭を下げる方が好ましいと受け止められることもありますが，一般に英語圏の文化では，納得のいく説明をする方が謝罪の気持ちが伝わりやすいと考えられています。

　最初に Casual, Semi-formal, Formal の会話例を示し，その後で5つのステップごとにレベル別の表現を紹介します。最後に謝罪される立場になったときに（6）謝罪を受け入れる表現，（7）拒否する表現を追加しました。

💬 会話例

Casual

待ち合わせに遅刻したとき 🔊 I.9-1

A：Sorry. I'm late. I was caught in a traffic jam.
[or "Sorry, I'm late."]
（遅れてごめん。交通渋滞にひっかかったんだ。）

B：That's OK. I've just arrived myself.
（大丈夫。私も到着したばっかりよ。）

A：I'll leave home a bit earlier next time.
（次からもう少し早く家をでるようにするよ。）

Semi-formal

会議に出席できなくなってしまったとき 🔊 I.9-2

A：I'm sorry I can't attend the meeting. I just remembered an important client is coming today.
（申し訳ありませんが会議に参加できなくなりました。大切なクライアントが今日来るのを思い出したのです。）

B：Don't worry. You couldn't help it.
（気にしないでください。仕方がありません。）

A：What can I do to make it up to you?
（どうすれば埋め合わせができますか。）

Formal

<u>ビジネスで過失を犯したとき</u> ◀) I.9-3

A : I apologize for causing such an inconvenience. It was entirely my fault.
（大変なご迷惑をかけたことをお詫びします。すべて私のミスです。）

B : I accept your apology. I know you took remedial action immediately.
（謝罪を受け入れます。すぐに是正措置を講じてくださったことを存じています。）

A : Thank you for understanding our situation.
（私共の事情をご理解いただき感謝します。）

💬表現例

（1）謝罪のことば 🔊 I.9-4

Casual

Sorry.
（ごめん。）

I'm sorry.
（ごめんなさい。）

＊若者が使う "My bad."（悪い）というスラングもあります。

Semi-formal

I am sorry.
（申し訳ありません。）

I am so [terribly] sorry.
（とても［甚だしく］申し訳ないことです。）

Please, forgive me for my mistake.
（私のミスをお許しください。）

I can't tell you how sorry I am.
（言葉では言い表せないぐらい申し訳ないと思っています。）

＊ can't を couldn't にすれば formal 表現として使えます。

Pardon me for being so rude.
（失礼なふるまいをしたことをお許しください。）

＊ Would you pardon me…? のように言えば formal 表現
になります。

Formal

I apologize. （お詫びします。）

I sincerely apologize. （心からお詫びします。）

I must apologize. （お詫びしなければいけません。）

I'd like to apologize from the bottom of my heart.
（心の底からお詫びしたいと思います。）

Please, accept my apology for forgetting our promise.
（約束を忘れたことをお詫びさせてください。）

（2）謝罪すべきことを示す（謝罪のことばに続けて） ◀》 I.9-5

主に semi-formal や formal の表現です。誰かにぶつかったときや，飲み物をこぼしたときのように，謝罪の理由が明白な場面では割愛されます。たとえば約束の時間に遅刻したら待たせた人には "I'm sorry." と言うだけで分かります。そのあとで事情を説明すれば良いでしょう。しかし，後でその場にいなかった人に謝罪するときは "I'm sorry I was late this morning." （今朝は遅刻して申し訳なかった）というように謝罪すべきことを述べる必要があります。

Semi-formal~Formal

…for ＋名詞

I'm sorry for my bad behavior.
（良くないふるまいをしてすみません。）

＋動名詞

Please let me apologize for being late.
（遅刻したことをお詫びします。）

…名詞節（that）

I am sorry that I was upset. （取り乱してすみません。）

（3）状況を説明する　◀)) I.9-6

I was under a lot of stress.

（ストレスが溜まっていました。）

I was caught in a terrible traffic jam.

（ひどい交通渋滞に引っ掛かりました。）

（4）責任を認める，または後悔の気持ちを表す　◀)) I.9-7

It was my fault.

（私の過ちです。）

I should have left home earlier.

（もっと早くに家を出るべきでした。）

（5）今後に向けた前向きの発言　◀)) I.9-8

I promise I won't do it again.

（そんなことは二度としないと約束します。）

I'll be more careful next time.

（次はもっと気を付けるようにします。）

I'll make it up.

（その埋め合わせはします。）

（6）謝罪を受け入れる表現　◀)) I.9-9

Casual~Semi-formal

謝罪を受け入れる「気にしないでください」

謝罪すべき事柄が重大なものでないときは casual ～ semi-formal まで使えます。

That's OK.

（いいですよ。）

That's all right.
（いいですよ。）

Never mind.
（気にしないで。）

Don't worry.
（気にしないでください。）

It doesn't matter.
（気にしませんよ。）

Forget about it.
（忘れてください。）

Formal

重大な事柄に対する謝罪を受け入れる

I accept your apology, but don't let it happen again.
（謝罪をお受けしますが，二度とそのようなことが起こらないように願います。）

You should be sorry, but I forgive you.
（謝罪されるのは当然ですが，あなたを許します。）

（7）謝罪を拒否する表現 ◀)) I.9-10

相手が謝るのは当然だと伝えたいときにはこのような言い方ができます。ただし，人間関係に角が立つことを覚悟の上で使いましょう。

I'm sorry と言われて

You should be.
（謝って当然でしょうね。）

I'm afraid that's not good enough.
（それで済まないと思います。）

I can't accept your apology.
（あなたの謝罪は受け入れられません。）

謝罪をするときの流れ

> **1** 謝罪のことばを述べる
>
> **2** 何に対する謝罪かを述べる
>
> **3** 状況を説明する
>
> **4** 責任を認めるまたは後悔の気持ちを表す
>
> **5** 今後に向けた前向きの発言をする

　日本語会話で多用する「すみません」のつもりで "I'm sorry." と言わないように気を付けましょう。「すみません」は "Hello." "Excuse me." "I'm sorry." "Thank you." など様々な意味で使いますが，単なる会話の潤滑剤のように使うこともあるからです。また "sorry" は謝罪だけでなく「残念だ」「気の毒に」という気持ちを表す表現なので，これだけで「相手が謝った」と思い込むのは早計です。

　謝罪すべき事柄や場面は文化によって違います。相手を待たせているときに「お待たせしてごめんなさい」"Sorry to keep you waiting." と謝るのが普通の文化もあれば「お待ちいただきありがとう」"Thank you for waiting." と感謝する方が一般的な文化もあります。しかし，本当に自分に非があると思うときは誠意をもって謝罪すること。これに文化の違いはないでしょう。

Ⅰ.10　助言を求める・助言をする
– Asking for / giving advice

　　助言を求めたり与えたりするときに用いる主な動詞は "suggest"
"recommend" "advise"，助動詞は "should" "ought to" などで
す。助言を求めるときは，何に関する助言が欲しいかを説明しなけ
ればなりません。問題が単純か複雑か，聞きたいのは相手の意見か
具体的な情報かなど状況に合わせて適切な表現を選ぶ必要がありま
す。助言をする側は，まず相手の状況に共感を示した後で，意見を
述べると良いでしょう。

　　ここでは Casual, Semi-formal, Formal の会話例を示し，
（1）助言を求める表現例と，（2）助言を与える表現例を示しま
す。その後で「具体的な情報を求める」ときと「相手の考えを聞き
たい」ときに分けて3つのレベルの事例ごとに，助言を求めるとき
と与えるときの表現を紹介します。

🗨 会話例

Casual

<u>少し具合が悪いとき</u> 🔊 I.10-1

A：I feel dizzy. What do you think I should do?
（めまいがする。どうしたらいいかな？）

B：Are you all right? If it lasts for some time, you should go to a doctor.
（大丈夫？しばらく続くようなら医者に行かなくちゃ。）

A：Thanks. I'll do so.
（ありがとう。そうするよ。）

Semi-formal

<u>仕事上うまくいかないとき</u> 🔊 I.10-2

A：I have a problem with my boss. He has refused to accept a business report I wrote.   What should I do?
（上司と困ったことになっているんだ。僕の書いた業務報告を受け取ってくれない。どうしたらいいだろう。）

B：Please calm down. Have you asked your boss why he thinks your report is not acceptable?
（落ち着いて。あなたの報告書が受け取れない理由を尋ねたの？）

A：Not yet. You are right. Thank you.
（まだだ。君の言う通りだね。ありがとう。）

Formal

A : Our country is in a serious economic recession now and it seems there is no way out. Would you give us your advice, as a recipient of the Nobel prize in economics?

（わが国は現在深刻な経済不況にあって，脱出する方法が見えません。ノーベル経済学賞の受賞者としてアドバイスを頂けますか？）

B : I understand the situation. I'm afraid it is because your government is too short-sighted and has failed to properly respond to the huge fiscal deficit.

（状況は分かっています。それはあなたの国の政府があまりに近視眼的で，これまで巨額の財政赤字に対し適切な対応を怠ってきたからではないかと思います。）

A : Yes, indeed. Thank you for your thoughtful suggestion.

（本当にそうですね。思慮深いご意見をいただきありがとうございます。）

💬 表現例

（1）助言を求める表現 🔊 I.10-4

Tell me what to do.
（どうしたらいいか教えて。）

What do you think?
（どう思う。）

Can you tell me which way to go?
（どの道を行ったらいいかな。）

Do you know what to do?
（どうしたらよいか分かりますか。）

What's your advice?
（あなたのアドバイスは？）

I need your opinion.
（あなたの意見が必要です。）

What do you suggest I do?
（私はどうすべきでしょうか。）

How would you deal with it?
（あなたならどう対応しますか。）

（2）助言を与える表現　🔊 I.10-5

I think you can buy one in a shop nearby.
（近くのお店で買えますよ。）

How about trying another one?
（他のものを試してみたら？）

You should stop smoking.
（たばこをやめるべきだ。）

You ought not to drink too much.
（飲みすぎないようにするべきだ。）

If I were you, I would ask for a professional opinion.
（私があなたの立場なら，専門家の意見を求めるでしょう。）

＊助動詞の "should" と "ought to ~" はほぼ同じ意味です。「～すべき」と「～のはず」という２つの意味があります。助言を与えるときは「～すべき」という意味になりますが，それを聞いてどのようにするかは聞き手に任されます。"must" と "have to~" は「～しなければならない」というかなり厳しい意味になります。"must" は判断の基準が自分にあり，"I must take this medicine." は「自分にとって薬を飲まない選択はない」という意味です。助言するときに "You must always eat before you take the medicine." のような言い方をするときは，本人の立場に立ってそうしない選択肢はないということを示します。
"have to ~" では外部の基準がもとになっており "I have to follow the rules." 「私はルールに従わなければならない」というような使い方をします。

（3）具体的な情報を求めるとき

事例1（Casual）: *I've got my passport stolen.* 🔊 I.10-6
パスポートを盗まれてしまいました。

What should I do?
（どうしたらいい？）

Please help me.
（助けてください。）

事例2（Semi-formal）: *I'm looking for a good restaurant to celebrate my mother's birthday.* 🔊 I.10-8
母の誕生日をお祝いするために良いレストランを探しています。

Do you know any good restaurants?
（どこかいいレストラン知りませんか？）

Could you recommend a good restaurant near here?
（近くの良いレストランを推薦してくれませんか。）

Could you suggest a restaurant that serves delicious food at a reasonable price?
（おいしい料理を手ごろな値段で出してくれるレストランを教えてくれませんか。）

事例 1 （Casual）への助言： ◀) I.10-7

If I were you, I would go to the police.

（私なら警察に行くわ。）

Why don't you go to the police?

（警察に行ったらどう？）

You'd better go to the police.

（警察に行った方がいいよ。）

> *"had better ~" は命令に近い高圧的な言い方に聞こえる時
> もあるので気を付けましょう。

You should go to a Japanese Consulate and ask them to re-issue your passport.

（日本領事館に行ってパスポートの再発行を頼んだらいいですよ。）

事例 2 （Semi-formal）への助言： ◀) I.10-9

Please send my best wishes to your mother. Sakura in Ginza is my favorite Japanese restaurant. I'm sure she would like it.

（お母様に私からもおめでとうと伝えてくださいね。銀座の「桜」は私のお気に入りの和食レストランです。きっとお母様のお気に召しますよ。）

（4）相手の考えを聞きたいとき 🔊 I.10-10

事例3（Semi-formal）：*I want to send my son to a university in the United States where his grandparents live.*
息子を祖父母が住んでいるアメリカの大学に送りたいと思います。

What do you think?
（どう思いますか。）

What's your opinion?
（あなたの意見はどうですか？）

I really need your advice.
（あなたの助言がどうしても欲しいのです。）

事例4（Formal）：*I have got a new job offer from our competitor.*
競合する会社から新しい仕事のオファーがありました。 🔊 I.10-12

What would you do?
（あなたならどうしますか？）

What would you do if you were me?
（あなたが私だったらどうしますか？）

What do you think you would do in this situation?
（同じ状況になったらあなただったらどうすると思いますか。）

事例3（Semi-formal）への助言： ◀)) I.10-11

You ought to consult your husband.
（ご主人に相談した方がいいよ。）

I think your son should study more if he wants to get into a good college.
（良い大学に入りたいのなら，息子さんはもっと一生懸命勉強しなくちゃいけないと思います。）

I think you have to follow the advice from his teacher.
（先生のアドバイスに従う必要があると思います。）

事例4（Formal）への助言： ◀)) I.10-13

If I were you, I would take the job offer.
（私があなたの立場なら，仕事のオファーを受けるでしょう。）

I think you should think twice before you make a decision.
（決める前に良く考えた方がよいと思います。）

Let me advise you to stay at the present company.
（今の会社に留まるようアドバイスします。）

助言を求める場面の流れ

1 事情を説明する

2 助言を求める

3 助言が与えられる

4 感謝を表す

込み入った話でなければ "What do you recommend we do after the party?"（パーティの後にどうするか，何かおすすめはありますか。）のように，助言を聞きたい事柄を入れて文を作ることもできます。しかし，このやり方ではどうしても文が長くなるので "I'm thinking about what to do after the party. What do you recommend?" のように 2 つの文に分ける方がスムーズに伝えることができるでしょう。

適切な助言のおかげで問題が解決したときは，"Following your advice, I discussed the matter with my son. We found we had a lot of misunderstandings."（あなたの助言に従って，息子とその件について話し合いました。お互い，ずいぶん誤解していたことが分かりました。）のように，必ず報告して感謝の気持ちを伝えましょう。

期待通りの助言が返ってこないこともあります。そういうときは semi-formal~formal なら "I appreciate you took the time for that."（その件で時間を取っていただき感謝しています。）のようにお礼を述べます。"Thank you anyway."（とにかくありがとう。）は casual~semi-formal の場面で「努力してくれたことは分かっているよ」という気持ちを伝える便利な表現です。

Ⅰ.11　人に依頼や頼みごとをする
−Making a request ∕ asking a favor

　何かを教えてほしい，頼みたい，購入したものを自分の都合で返却したい，約束の日取りを変更してほしい等々，日常生活では，何かと人に依頼や頼みごとをしなければならないことも少なくありません。頼みごとの中には，なかなか頼みにくいこともあります。相手の心証を害さないように配慮しつつ頼みごとを切り出すにはどんな表現が使われるのでしょうか。切り出し方としては，相手が友人や同僚，部下であれば単刀直入に（1）ズバリと切り出してもよいでしょう。少し相手に心の準備をさせるという意味では，「ちょっと聞きたいことがある」とか「お願いがある」などと，（2）前置きをしてから頼みごとを述べる方法と，頼みごとをしなければならない（3）事情をまず先に述べてから本論を切り出すという方法があるでしょう。

💬 会話例

友達に親友を泊めてくれるかどうか尋ねる 🔊 I.11-1

A：Yuko, I have a favor to ask you.
（裕子，ちょっと頼みがあるんだけど。）

B：What is it, Tim?
（何かしら，ティム。）

A：You have an extra bedroom in your apartment.
（君のアパートには空いてる部屋が1個あるよね。）

B：Yeah.
（あるけど。）

A：Can you let a friend of mine stay there for the weekend? My shower's broken.
（僕の友達を泊めてくれないかな，週末。うちのシャワーが壊れちゃってさ。）

B：Who is that?
（誰なの，それ。）

A：He is my best friend from college.
（彼，大学時代の親友なんだ。）

B：A man? I don't think so. You should ask John.
（男性？　そりゃ駄目よ。ジョンに聞いてよ。）

友達のパーティに別の友達を同伴してもいいか尋ねる ◀)) I.11-2

A：John, I wanna ask you something.
（ジョン，聞きたいことがあるの。）

B：What do you want to know, Mei?
（何だい，メイ？）

A：About the party you are throwing on Friday. Can I take another friend of mine along?
（金曜日のあなたの所のパーティだけど，もう1人友達連れてっていいかしら。）

B：Sure. Who is it?
（いいとも。誰だい？）

A：A girl from Japan. She is visiting me for a couple of weeks.
（日本から来た女の子。2週間ほど私のところに来てるの。）

B：Your friend is my friend. Bring her along.
（君の友達なら僕の友達だよ。一緒に連れて来いよ。）

💬 表現例

（1） ズバリと切り出す 🔊 I.11-3

casual な場面では，やや切り口上になりますが平叙文でズバリと切り出しても問題ありません。場合によっては，平叙文でも語尾を上げると柔らかい雰囲気で頼みごとを切り出すことができます。

Let me use your car on Saturday.
（土曜日に君の車使わせてよ。）

Tell me what's happening to the project.
（プロジェクトはどうなってるか報告してくれ。）

Let me change the plan.
（計画を変更させてくれ。）

Tell us how to get to Asakusa.
（浅草への行き方教えてよ。）

I want to return this. Just bought it yesterday.
（これ返したいんだけど。昨日買ったばかりなんで。）

（2） 前置きをしてから頼み事を切り出す 🔊 I.11-4

前置きのフレーズは，casual から semi-formal，formal へと「申し訳ないが」という気持ち，あるいは謝意の表現がだんだんと鮮明になっていきます。

Gotta ask your help. Help me with my homework tonight.
（ちょっと頼まなくちゃならないんだけど，今夜宿題手伝って。）

I need a favor. Go pick up the kids today, 'cause I don't think I can make it.
（頼むよ。今夜子供たちを迎えに行ってくれ。僕は間に合いそうにないからさ。）

Do me a favor. Ask your mom to look after the kids this evening. I have to work overtime.
（お願い。あなたのお母さんに今夜子供たちを見ててって頼んで。私, 残業になっちゃったの。）

（3）最初に事情説明をしてから頼みごとを切り出す　◀》 I.11-5

頼みごとを切り出す前にそうしなければならない事情の説明からスタートする方法もあります。事情の説明は簡潔に, 頼み事が何であるか不明瞭にならないような工夫が必要です。

I bought this here yesterday, but I already had something similar. So, I want to return it.
（昨日これをここで買ったんだけど, 同じようなものを持っていたんで, 返したいんだけど。）

A friend of mine wants private tutoring in English.　Know anybody who can teach him?
（友達が英語の個人レッスン受けたがってるんだけど, 誰か教えられる人知らない？）

We want to go to Asakusa. Tell us how to get there.
（浅草へ行きたいんだけど, 行き方教えて。）

💬会話例

顧客にスケジュール変更を頼む 🔊 I.11-6

A：Mr. Johnson, I hate to ask you this, but can we postpone our next meeting?　Our engineer, Mr. Honjo, has gotten the flu and has to self-quarantine for five days.

（ジョンソンさん，お願いしづらいのですが，次の会合の延期をお願いできますでしょうか。エンジニアの本庄がインフルエンザにかかってしまいまして，5日間自宅待機を余儀なくされました。）

B：Oh, sorry to hear that.　Sure, we can change the schedule. How about Friday, May 15th.

（それは大変ですね。いいですよ，スケジュール変更できますよ。5月15日金曜日はどうですか。）

A：That would be fine.　We appreciate your understanding.

（それで結構です。ご理解いただき，ありがとうございます。）

ホテルへの忘れ物チェックを頼む　◀)) I.11-7

A：Shangri-La, Singapore, may I help you?
（シンガポール，シャングリラホテルでございます。ご用件を承ります。）

B：I stayed at your hotel for three days till yesterday. I came back to Japan and realized that I might have left my silver earrings on the table next to the bed. Will you check if anyone has found them?
（昨日まで3日間そちらのホテルでお世話になったものなんですが，日本に帰国して，ベッド脇のテーブルの上に銀のイヤリングを置いてきてしまったかもしれないことに気づいたんです。だれか見つけてないか調べていただけますか。）

A：Terribly sorry to hear that, madam. May I ask your name and your room number?
（そうでございましたか，奥様。お名前とお部屋番号をお伺いできますでしょうか。）

B：Yes, of course. My name is Ryoko Takeda. I stayed in room 708.
（はい，もちろん。竹田涼子と申します。708号室でした。）

A：Mrs. Takeda, if we find them, we will e-mail you and send them to you. Can you leave us your e-mail address?
（竹田様，見つかりましたら，e-mailでご連絡してお送り申し上げます。メールアドレスも頂戴できますでしょうか。）

B：Thank you. I appreciate your assistance very much.
（ありがとう。お手数おかけしますが，よろしくお願いいたします。）

🗨 表現例

（1）ズバリと切り出す 🔊 I.11-8

semi-formal や formal な場面では，疑問文で相手に頼みたいことを問いかけます。その後に事情や理由を添えることで丁寧さが増していきます。

Will you let me use your car on Saturday?
（土曜日に車を使わせてもらえますか。）

Would [Will] you tell me what's happening to the project?
（プロジェクトがどうなっているか報告してくれますか。）

Would [Will] you tell us how to get to Shinjuku?
（新宿への行き方を教えてもらえますか。）

May I return this? I just bought it yesterday.
（これ返品できますか。昨日買ったばかりなんですが。）

（2）前置きをしてから頼み事を切り出す 🔊 I.11-9

Grandpa, will you do us a favor? Will you take the kids to the day-care and pick them up tomorrow?
（おじいちゃん，お願いなんですけど，明日，子供たちの保育園への送り迎えをお願いできますか。）

Excuse us, would you help us? Would you tell us how we can get to Dotonbori?
（すみませんが，ちょっとお願いします。道頓堀まではどうやって行ったらいいか教えていただけますか。）

I hate to ask you this, but may we change the schedule for the event?
（申し訳ありませんが，イベントのスケジュールを変更できますか。）

（3）最初に事情説明をしてから頼みごとを切り出す ◀) I.11-10

I ordered a set of wine glasses as a gift for my parents yesterday. But they say they don't need them. May I cancel the order?
（昨日両親へのプレゼントにワイングラスセットを注文したのですが，いらないというので，オーダーをキャンセルできますか。）

A friend of mine with visual impairment [challenges] wishes to have a seeing-eye dog. Would you find out where she can acquire one?
（視覚障害のある友人が盲導犬を欲しがっているのですが，どこで手に入れられるか調べてくれますか。）

We would like to go to a modern art museum. Would you help us find one nearby?
（私たち近代美術館に行きたいんですが，近くにあるところを探すのを手伝ってくれますか。）

💬 会話例

<u>取引先に納期の延期を頼む</u> 🔊 I.11-11

　A：Mr. Holmes, we really hate to inconvenience you, but may we have a week extension to deliver our products? There has been a delay in the shipment of some components from China due to the recent bad weather.
（ホームズさん，たいへんご迷惑をおかけして申し訳ありませんが，製品のお届けを1週間延期させていただけないでしょうか。このところの悪天候で中国からの部品の出荷が遅れてしまいまして。）

　B：Oh, that's too bad. But you couldn't help it, if it was due to the weather. Would you have them delivered next Monday for sure, then?
（それは，困りましたね。しかし，お天気のせいではどうしようもありませんよね。じゃ，来週月曜日には必ず届くようにしていただけますか。）

　A：Of course, sir! I will make sure they will be delivered next Monday. We really appreciate your understanding.
（もちろんです。私自身が次の月曜日には確実に配達されるようにいたします。ご理解いただき，本当に何とお礼を申し上げていいかわかりません。）

◇投資アドバイスを求める 🔊 I.11-12

A : Green Investment Fund, John Adams, speaking. How may I help you?
(グリーン・インベストメント・ファンド，ジョン・アダムスでございます。ご用件を承ります。)

B : Mr. Adams, this is Mrs. Tanaka. We are interested in making an investment in a green industry. Would you be able to assist us in making an appropriate investment?
(アダムスさん，田中です。私たちは環境配慮型企業への投資に関心を持っているんですが，適切な投資のご支援をお願いできますか。)

A : Mrs. Tanaka, we are happy to help you. May we invite you to our office? How about 2:00 pm on Monday, the 19th?
(田中様，喜んでお手伝いさせていただきます。弊社事務所の方にお越しいただけますか。19日月曜日の午後2時はいかがでしょうか。)

B : That would be fine, Mr. Adams. We'd appreciate your assistance very much.
(結構です，アダムスさん。いろいろお世話になります。)

💬 表現例

（1）ズバリと切り出す 🔊 I.11-13

Will you kindly let me use your carpentry tools this weekend?
（恐縮ですが，この週末に大工道具を使わせていただけますでしょうか。）

Would you kindly show us how to get to Madison Avenue?
（恐れ入りますが，マジソン・アヴェニューまでの行き方を教えていただけますか。）

Is it possible for me to return this? I bought it for my husband yesterday. But he says he doesn't really like it.
（できれば，これを返品したいのですが。昨日夫のために購入したんですが，夫があまり好きではないと言うものですから。）

（2）前置きをしてから頼み事を切り出す 🔊 I.11-14

If you can assist us, we will be most thankful.
（ご助力いただければ，たいへんありがたく存じます。）

We hate to inconvenience you, but we would be most thankful if you will allow us to change the schedule.
（ご不便をおかけするのは大変心苦しいのですが，スケジュールの変更をお許しいただけましたら，たいへんありがたく存じます。）

We would appreciate it very much, if you can finish it by the end
of the week. We are pressed by our client, too.
（この週末までに終わらせていただけるようでしたら，たいへんありがたく存じます。
私共もお客様からのプレッシャーを受けておりますので。）

（3）最初に事情説明をしてから頼みごとを切り出す ◀》I.11-15

We bought six office chairs at your store last week, but we didn't
really need them. I hate to ask you this, since we bought them
on sale, but is it possible for us to return them?
（先週お宅の店でオフィスチェアを6脚購入したのですが，必要なかったんです。セー
ルで購入したのでお願いしにくいのですが，返品できますか。）

Thank you for the very productive meeting, Gentlemen. By the
way, we need to go to Manhattan by 3:00. Would someone kindly
show us the quickest way to get there?
（皆さん，充実した会合でした。ありがとうございました。ところで我々は3時までに
マンハッタンへ行く必要があるのですが，恐れ入りますが，どなたか一番速い行き方を
教えていただけますでしょうか。）

人に依頼や頼みごとをするときのアプローチ

> **1** ズバリと頼みごとを切り出す
> **2** 「頼み事がある」と前置きして切り出す
> **3** 事情を説明してから切り出す

　人に頼みごとをしたり，助けを求めたりという行為は，社会生活になくては
ならない行為の１つです。このセクションでは，それぞれの状況に応じて
（１）ズバリ，単刀直入に切り出す，（２）まず「頼みごとがある」と前置きを
する，（３）「事情説明」をしてから切り出すという３つの方法を紹介しました
が，いずれの場合も相手への思いやりが根底にあると言えるでしょう。人は心
を開いたときに，相手の声を受け入れやすくなる生きものです。だからこそコ
ミュニケーションの極意は，まずは相手の心を開かせることと言えるでしょ
う。

　単刀直入に切り出すのは，互いの事情がよくわかっている場合。以心伝心の
相手であれば，すでに心は開かれていますから，問題は起きないでしょう。ビ
ジネスの現場であれば，時間や資源の節約，効率アップにもつながります。
（２），（３）のアプローチは，相手にこちらを受け入れる「心の準備」をする
チャンスを与える思いやりがベースにあるとも言えるでしょう。ただし，（３）
の「まず事情説明」では，下手な言い訳（excuse）にならないよう誠実さと率
直さが必要になりそうです。

　また，英語圏の家庭では，親たちが子供が小さい時に「人にものを頼む時
は，必ず please と言うように」などと教え，casual な場面でも "please" を
忘れない人もいます。

I.12　確認する
−Making sure

　ちょっと相手のことばを聞き逃したり，自分の理解に自信がない時など，説明を繰り返してもらったり，ときには相手の意図を確認したりする必要があることがあります。親しい間柄の相手なら気楽に，短く，ビジネス相手などの場合はそれなりに，丁寧な聞き方が必要です。

　相手のことばが聞き取れなかった場合，日本語でごく自然に出てくる反応は，「えっ？」「はっ？」という反応でしょう。自分と相手との関係によってこんな時の1音すら無意識のうちに変わります。英語でも同じです。相手が友人や家族であれば，"What?"というのがごく自然な反応です。上司や初対面の相手なら，"Pardon?"や"Pardon me?"（「失礼，今おっしゃったことが聞き取れませんでした」）という反応が自然に出てくるようになりたいものです。

　相手のことばが単に聞き取れなかったのではなく，意味をつかめなかった場合には，そのことを相手に伝えることも必要でしょう。さらにことばの意味だけでなく，相手の意図を図りかねたのであれば，それを確認すべき場合もあります。

🗨 会話例

<u>聞き取れなかった内容を具体的に聞き返す</u> 🔊 I.12-1

A：Come at 2:00!
（2時に来て。）

B：What? What time did you say?
（えっ，何時だって？）

A：I said at 2:00.
（2時よ。）

B：Got it!
（わかった。）

<u>聞き取れなかった理由を明確にして聞き返す</u> 🔊 I.12-2

A：Make sure Joe comes to my office Monday morning.
（ジョーに月曜の朝必ず私のオフィスに来てもらって。）

B：I didn't hear it. It's too noisy around here. Say it again!
（えっ，よく聞こえなかった。ここうるさすぎて。もう一度言って。）

A：Send Joe to my office Monday morning.
（ジョーを月曜の朝私のオフィスによこして。）

B：Send Joe to your office Monday morning. OK! Will do!
（ジョーを月曜の朝，君のオフィスにね。わかった。そうするよ。）

相手の意図を聞き返す 🔊 I.12-3

A：I don't think Jason wants to see me anymore.
（ジェイソンは私にもう会いたがらないと思う。）

B：What do you mean? Be more specific.
（どういうこと？もっとはっきり言って。）

A：We had a big argument yesterday. He is seeing someone else.
（昨日すごい喧嘩しちゃったの。彼，他の人と付き合ってる。）

🗨 表現例 🔊 I.12-4

What?
（何ですって？）

What did you say?
（えっ，何って言ったの？）

Say it again?!
（もう一度言って。）

I wanna make sure I got it right.
（ちゃんと理解できたか確かめたいの。）

What do you mean?
（どういうこと？）

What does that mean?
（それってどういう意味？）

And that means?
（それって，つまり？）

I didn't get it. Be more specific.
（わかんない。もっとはっきり言って。）

💬 会話例

聞き取れなかった内容を具体的に聞き返す 🔊 I.12-5

A：Mr. Tanaka, will you tell Mr. Abe to come to my office at 2:00?
（田中さん，安倍さんに私のオフィスに2時に来るように言ってください。）

B：Pardon me? What time did you say you want him?
（はっ，何でしょうか。何時に来てほしいとおっしゃいましたか。）

A：At 2:00, Mr. Tanaka. I want him in my office at 2:00.
（2時です，田中さん。安倍さんにオフィスに2時に来てほしいんです。）

B：Right, at 2:00 in your office. I'll certainly tell him to do so, Ms. Wilson.
（わかりました，2時にオフィスですね。確かにそのように伝えます，ウィルソンさん。）

より詳しい情報を求めて聞き返す 🔊 I.12-6

A：We have no meeting with Takeda Pharma today.
（竹田薬品との会合は今日はなくなりました。）

B：What does that mean? I would like you to be more specific, Ms. Tamaki.
（どういうことですか。もっと具体的に言ってもらいたいんですが，玉木さん。）

A：They had some kind of accident at their factory. They are asking for another appointment with us.
（工場で何か事故があったみたいです。会うのはまた別の日に設定してほしいということです。）

Pardon?
（えっ，何ですか。）

Please say it again.
（もう一度言ってください。）

Would you say it again?
（もう一度言ってくれますか。）

Can you repeat what you just said?
（今言ったことをもう一度繰り返してくれますか。）

Please tell me what that means.
（それはどういう意味か言ってください。）

I'm not sure if I understood you. Would you mind repeating the explanation?
（あなたのことをちゃんと理解したかどうかちょっと不安なので，今の説明を繰り返してもらえませんか。）

Would you try to be more specific?
（なんとかもう少し具体的に言ってくれますか。）

Formal

会話例

<u>確認のために聞き返す</u> 🔊 I.12-8

A：Ms. Hamada, will you tell Mr. White that he can come to see
me at 2:00-ish?

（浜田さん，ホワイトさんに２時ごろ私のところに来ていただいて結構だとおっ
しゃってくださいますか。）

B：I beg your pardon?

（え，すみません，何とおっしゃいましたか。）

A：Will you tell Mr. White that I will be available at about 2:00
this afternoon?

（ホワイトさんに午後２時ごろなら私はお会いできると言ってくださいますか。）

B：I'm not sure if I understood you correctly, sir. Will you kindly
repeat what you just said?

（ちょっとおっしゃっていることをきちんと理解したかどうかわかりません。申し
訳ありませんが，もう一度おっしゃってくださいますか。）

A：I have a meeting with people from J-Industry at 1:00 pm,
and I want to see Mr. White after the meeting, so tell him to
come to my office around 2:00.

（１時にJ－インダストリー社の方々と会うんですが，その後でホワイトさんに会
いたいのです。ですから２時ごろに来るように言ってください。）

B：I understand. Certainly, sir.

（そういうことですか。かしこまりました。）

A：Mr. Mead, I have to cancel today's meeting with Mr. Honda.
（ミードさん，今日の本田さんとの会合をキャンセルしなくてはならなくなりました。）

B：Cancel the meeting! I should like to make sure I understood you correctly, so, may I ask you to be more specific, Ms. Honjo?
（会合のキャンセルですか。おっしゃっていることを間違いなく理解したいので，恐縮ですが，もっと具体的にどういうことなのかおっしゃってくださいますか，本庄さん。）

A：The Minister for Commerce sent for me. I'm not exactly sure what he wants. Will you tell Mr. Honda I will call him as soon as I'm through with the minister?
（商務相から呼び出しがあったんです。どんな御用かはわかりませんけれど。本田さんに大臣とのお話が終わったらすぐお電話すると伝えてくださいますか。）

💬 表現例　◀)) I.12-10

I beg your pardon?
（すみません，何とおっしゃいましたか。）

Would you kindly repeat what you just said? / Do you mind repeating what you just said?
（恐縮ですが今おっしゃったことを，もう一度繰り返していただけますか。）

I'm afraid I must ask you to be more specific.
（申し訳ありませんが，もう少し具体的にお話いただくようお願いしなければなりません。）

I'm sorry, but I don't think I followed you just now. May I ask you to be more specific?
（申し訳ありませんが，今のお話がよく呑み込めなかったと思うので，もう少し具体的にお願いできますか。）

人に依頼や頼みごとをするときのアプローチ

> **1** 相手の言葉を確認する
> **2** 発言の意味を確認する
> **3** 発言の意図を確認する

　言語コミュニケーションの成立には確認が重要な場合が多々あります。外国語での会話では，無意識のうちに「自分の聞き取りが悪かった」「自分が悪いのだ」と恥ずかしく感じて，確認をためらってしまうこともあるものですが，重大なミスにつながりかねません。母語であっても聞き違え，聞きもらしはよくあることですし，相手の発言の意味を誤解したり，意図を理解できなかったりすることも日常茶飯事と言ってもよいでしょう。ましてや外国語を介してのコミュニケーションでは，文化や習慣の違いなどが更にコミュニケーションの成立を妨げることがあることも周知の事実です。聞き直すこと，確認することは，優れた仕事をする上では当然のことだと考えれば，気後れもしなくなくなるでしょう。

　ここでも semi-formal と formal のセクションにあげた表現は，どちらの場面でも使えるものがありますが，formal の場面では，kindly（ご親切にも）などの副詞を添えたり，"I must ask you to ～""I'm afraid ～" などと「申し訳ない」という気持ちを表す表現を添えることで丁寧さが増します。

column：三三九度

Is it possible to be married and not know it? It happened to me.

Some men drink themselves to oblivion on their wedding day. The occasion passes in a blur of alcohol and half-recalled sensations, moments of clarity, among textures of the incomprehensible, unremembered and unconscious. Others take medications, prescribed by their doctors, or not, and pass through the ceremony with weakened comprehension. I tell a different story.

I was not drunk, nor stoned, nor out of my mind. I'll explain, but a bit of background may be helpful.

気付かぬうちに結婚式が終わっていたなんてありうるだろうか。それがあったのだ。

結婚式の当日は，訳が分からなくなるまで飲む男もいる。アルコールでボーっとしている間にその日は過ぎていく。ぼんやりとした中で記憶に残る感覚は半分ほど，時々はっきりと思い出せる瞬間はあるものの十分には理解できない，記憶にも残りにくい，無意識のうちの手触り感が残るばかり。薬をやるやつもいる。医者の処方薬もあればそうでないものすらある。そして結婚式は薄まった理解力の中で過ぎていくのだ。でも僕の場合はいずれとも違っていた。

僕は酒に酔ってもいなかったし薬だってやっていなかった。気がふれていたわけでもない。それについては説明をするが，その前に少しばかり事情を説明しておいた方が良いだろう。

I met my wife at a Lucky supermarket. Lucky is the name of the chain of the store on the corner of Lincoln Boulevard and Ocean Park Boulevard in Santa Monica. This California city is known for beautiful beaches of gritty beige sand, heated by the summer sun to the point one must run to avoid burning their feet. Santa Monica waves please surfers and body surfers, waders and watchers, swimmers and onlookers. The pale blue lifeguard towers of weathered wood stand vigil for the threats of riptides and inept swimmers who lack appreciation of the raw power of the Pacific Ocean.

There is always enough sand to welcome tens of thousands of sun worshippers, body surfers, wave-duckers, waders, sun bathers, sand-castle-builders, running children, Frisbee-throwers, families with picnics, the food always salted with sand, people-watchers, and all those just wanting to hang out or show off their California-beautiful bodies.

僕が妻と出会ったのはラッキー・スーパーだった。「ラッキー」というのは，チェーン展開されているスーパーの名で，サンタモニカのリンカン通りとオーシャンパーク通りの角にあった。カリフォルニアにあるこの町は，美しくさらさらのベージュの砂浜で有名なところだ。その砂浜は真夏の日差しに照らされて熱く，足の裏をやけどしないようにするには走り続けなければならないような砂浜だ。サンタモニカの海の波は，サーファーにもボディ・サーファーにも愛され，歩行者もそれを見守る人たちも，泳ぎを楽しむ人も単なる傍観者も，すべてを魅了した。薄い水色のライフガードの塔は，風雨にさらされて色がはげ落ちてはいたが，突然の引き潮に人がさらわれないように，そして太平洋の波の力を馬鹿にするへたな泳ぎ手を守るため監視を怠らなかった。

海辺の砂はいつも豊かで，多くの人々を歓迎した。太陽の光を満喫する人々，ボディ・サーファーたち，波を避けようとする人々に波と戯れる人々，日光浴を楽しむ人に，砂でお城を築く人たち。駆け回る子供たちもいれば，フリスビーで遊ぶ人たち，食べ物に砂が混じっても気にせずピクニックを楽しむ家族もいた。人間観察をする人もいれば，ぶらぶら歩きを楽しむ人，あるいはカリフォルニアの太陽で美しく日焼けした体を見せびらかすためだけに来ている人々もいる。

In sunny Santa Monica neighborhoods, clean, salt-scented ocean breezes move Los Angeles smog far inland. Wide streets meet in ordered grids at right-angles, lined with homes of earth-toned plasters and roofs of red tile and grey shingles. Oak and sycamore shade concrete sidewalks, populated by squealing children, grey-haired, wrinkled wanderers, and young mothers pushing their canopied carriages and sleeping infants.

We are both standing in the checkout line. I am buying Valvoline motor oil for my old Volvo, and she is ahead of me, standing with an elderly white-haired woman. The white-haired woman looks back at me.

"Is that Japanese on your shirt?"

I look down at the shirt. It is one I had picked up in Japan, with a dozen kanji characters in small print, so I answer.

太陽の光がさんさんと降り注ぐサンタモニカでは，澄んだ潮風がロサンジェルスのスモッグを内陸に押し流してくれていた。広い通りが碁盤の目のように縦横に延び，道の両側には土色の漆喰と赤い屋根瓦，灰色の壁板でできた住宅が並んでいる。カシやスズカケの木々が歩道に日陰を作り，子供たちのはしゃぎ声があふれ，白髪頭でしわの深くなった人々が散策を楽しみ，乳母車に眠る赤ん坊を押して歩く母親たちの姿もあった。

僕と彼女はふたりともスーパーのレジで列に並んでいた。僕はバルボリン社のモーターオイルを買おうとしており，彼女は私の前にいた。一緒にいたのは年配の白髪の女性。この女性が私の方を向いて尋ねた。

「あなたのTシャツの文字は，日本語？」

僕は，下を向いて自分のTシャツを見た。日本で買ったやつだ。シャツには十数個の漢字（訳者註：おそらくカナも含む）が小さな字で書いてある。それで僕は言った。

"Yes."

"Do you know what it says?"

"No, I don't."

She turns to a young Japanese woman.

"What does it say?"

She looks.

"Kyoto Youth Hostel."

She looks away. But by the time I buy my motor oil, we exchange numbers.

「そうです。」

「なんて書いてあるのか分かってる？」

「いえ，分かりません。」

すると，女性は若い日本人女性に向かって

「なんて書いてあるの。」と聞いた。

彼女はこちらを見て，

「京都ユースホテル」と読み上げたが，そのまま目をそらす。でも，僕がモーターオイルの会計を済ます頃までには，互いに電話番号を交換していたのだった。

Her name is Madoka.

Roughly a year later, I travel to Japan and meet her family. They suggest a Shinto Shrine for the ceremony. The shrine is in a park, somewhere in Tokyo. Tall, thick trees keep the park in shade, even on the sunniest of days. The park is quiet, serene, even sleepy, and only a few people enter this weekday oasis from the Tokyo bustle. An old stone and cement shrine sits to one side.

It is a single story. Grey and nondescript, but with a certain design, drawn from the ages of such shrines that hints at the ancient, traditions beyond traditions, nestled among plants, trees and rock. A path of pavers leads to the gate, a Torii gate, concrete posts and a wooden lintel, at the centered entrance. A plaque of carved wood is fixed to the lintel with words I can't translate. Decorative lanterns of stone, called Toro, flank the approach, the Sando.

彼女の名前は「まどか」。

それからおよそ1年後，僕は日本へ行き彼女の家族と会った。結婚式は神道式ではどうかということになった。神社は公園の中にあった。東京のどこかの神社だ。神社の敷地には背の高い木々が生い茂り，よく晴れた日でも濃い影に覆われていた。敷地内は静謐で，眠くなりそうな気配すらした。東京の喧騒の中のオアシスのようなこの場所を訪れる人はまばらだった。古びた石とセメントでできた社殿は，敷地の片側に建っていた。

平屋づくりで灰色，ほとんど印象にも残らない建物だったが，時代と伝統を超えた伝統を思わせるある種の形式を持っていた。草木と石の間に埋もれて。参道が鳥居へと続いている。鳥居はコンクリートの柱に木製の横木が載っている。横木の間には額がかかっているが，そこに書かれた文字の意味は，僕には英語に訳すことができない。参道には石灯籠が並ぶ。

To the side is a Temizuya, a stone fountain, filled with cold water, with long-handled wooden cups to dip into the water and cleanse and purify one's hands and mouth, before approaching the shrine.

It is here that the wedding takes place in Shinto tradition, a request of Madoka. We had returned to Santa Monica, for work, while her family, generously, arranges the wedding and reception. Occasionally, Madoka mentions a choice here or there, but we generally defer to her family.

So when I arrive on December 17th for the ceremony, it has been months since I saw the building and then only for minutes. A young man ushers me into a hallway and asks me to wait there. There is no rehearsal. No practice. No need, I am told. I wait.

参道の脇には石の手水舎。冷たい水が張られている。参拝する前に備え付けの柄の長い柄杓で水を汲み，手や口を清めることになっている。

この神社で神道式の結婚式を挙げたい，というのがまどかの望みだった。僕たちは仕事があるのでサンタモニカに一度戻り，結婚式と披露宴の準備はまどかの家族に頼むことにした。披露宴については，まどかの方からいくつか希望も出たけれど，大体のことは彼女の家族に任せることにした。

というわけで，12月17日の結婚式当日には，式場であるその神社は，僕にとって何か月も前にほんの数分間目にしたに過ぎない場所となっていた。若い男性が僕を神殿の入り口まで導き，ここで待つようにと言った。リハーサルも練習もない。必要はありませんよと，僕は言われたのだ。そこで僕は待った。

In time, he leads me to the main room. It is not large and only the closest relatives, family and friends, perhaps 30 in all, crowd into the space. More will be at the reception. The room's walls are aged wood. An inner sanctum is toward the center. Sometimes, sacred objects are housed there.

I meet my fiancé at the center of the room. She has chosen not to wear a kimono. Instead she is in Western white silk, a dress designed and made by her mother, from materials selected by her late father, a professional dress designer. She has chosen the dress from respect for her father. She is very beautiful.

A priest is there, in garments from another age. His assistant stands nearby. He waves something and then speaks in Japanese, words beyond my comprehension.

そのうち，さっきの若者がやってきて僕を社殿の中に先導して行った。さほど広くはない。家族と親しい親戚と友人，30人ばかりが並んだ。披露宴の参加者は，それより多くなる。社殿の壁は年輪を思わせる木でできていた。中央に神殿がある。御神体が祭られていることもあるという。

神殿の前，中央にフィアンセと立つ。彼女は着物ではなくウェディングドレスを身に着けている。すでに亡くなっていたが洋服のデザイナーだった彼女の父が残した白の絹織物で，彼女の母が手作りしたドレスだった。父の思いを尊重してのウェディングドレスだった。彼女はとても美しかった。

神主は全く別の時代を思わせる衣装を身にまとっていた。別の神職が補助に立っている。何か（訳者註：おそらく御幣）を振り，日本語で何か言った。僕には意味が分からなかった。

A small flat cup is handed to me and some sake is poured into it. I take the sake in three sips. I hand it to my fiancé, at someone's suggestion. She does the same. This is repeated 3 times each.

The priest moves his arms and says more in Japanese that I can't understand. The ceremony is called san-san-ku-do. It means, roughly translated, three, three, nine times. That is the number of times the couple sips the sake. Three is a lucky number in Japan. Times three is even luckier.

The usher leads me from the room.

Later, I am told I am married. I kind of guessed by then, but that is how it happened: how I was married without realizing it.

僕に渡された盃に酒が注がれた。僕はその酒を3口で飲み，フィアンセに盃を渡した。そうするようにと促されたのだ。彼女も同じように3口で盃を干す。杯はまた僕のところに戻り，同じ所作をそれぞれ3回ずつ繰り返した。

神主が腕を動かし，さらに何か私の分からない日本語で述べた。この儀式は三三九度と呼ばれるそうであった。英語に訳すなら，「3，3，9回」ということらしい。結婚する2人がその回数だけ，盃を交わすということだ。3は日本ではおめでたい（幸運な）数字であり，それを3回繰り返すことはさらにおめでたいということのようだ。

先ほどの先導者に導かれて，私は社殿を出た。

しばらくして，私は結婚したことを告げられた。そうであろうとはうすうす感じてはいたが，これが私の結婚式だったのだ。はっきりとは気付かぬうちの結婚式だった。

Roger A. Hull（ロジャー・ホール）
弁護士。アーチスト。教師。

II

▶▶ こんな場面での表現は

Expressions Useful in Common Social
Context

本書の第 I 章では，「こんな時の表現は Expressions Useful in Common Social Interactions」として，よくあるコミュニケーション行為を想定し，話の相手や場面によって casual, semi-formal, formal という 3 つのレベルで，スマートなコミュニケーションを可能にする表現を紹介しました。この第 II 章では，社会人として直面する様々なコミュニケーションの場面，すなわち文脈（context）を想定して，役立つ英語表現を紹介します。取り上げたそれぞれの場面では，場面の展開があり，また踏むべきステップが想定されています。その中では casual や semi-formal な表現で十分，あるいはその方がふさわしい場面がありますし，casual な表現はふさわしくなく，formal なより洗練された表現が必要とされる場面があります。

　従って，この章では，3 つのレベルの表現が想定される場面，例えば「II.1 電話をかける」という文脈では，「電話をかける・受ける」ところから，「メッセージを残す」「電話を切る」までそれぞれのステップで役立つ表現を第 I 章と同様に 3 つのレベルで紹介します。また，その表現を生かせる実際の場面を会話例として示します。一方，社会人として挑戦すべきこともあるプレゼンテーションや会議の運営などの場面では，semi-formal から formal な英語表現が必要です。こうした場面を取り上げるセクションでは，それぞれの場面で踏むべきステップと，そのステップに沿った表現例，そしてその活用を想定した会話例を紹介します。

Ⅱ.1　電話をかける
－Making a phone call

　最近は携帯電話の利用が増え，伝言も，いつでもどこでもメール
やショートメールで間に合う時代になりましたが，ビジネスの場で
は，やはり実際に電話をかけるということが不可欠な場合も少なく
ありません。さらに公共の場などでは携帯電話のマナーを守ること
も大切，周囲の目も気になります。個人情報の保護に注意を払うこ
とも重要で，本人の許可を得ることなく個人の携帯電話番号やメー
ルアドレスを第三者に伝えることは厳に慎まなければなりません。
言いにくいことを相手に伝えなければならないこともあります。そ
うした場面では，どのように表現したらよいか，新しい時代の電話
での会話では，従来の電話でのやり取りのほか，今の時代ならでは
の英語表現も必要になるでしょう。

　このセクションでは，（1）電話をかける・受ける，（2）メッ
セージを残す，そして（3）電話を切るという3つのステップを想
定して，それぞれのステップで Casual, Semi-formal, Formal
と3つのレベルでの表現例を示します。また，それぞれのレベルで
の実際の電話でのやり取りを想定した会話例を紹介します。

※表現例中の A:, B: の表記はそれぞれ電話をかけた側と受けた側
　の表記です。「・」は，どちらの側も使える表現であることを示
　します。

💬 表現例

<u>（1）電話をかける・電話を受ける Making ／ receiving a phone call</u>

🔊 Ⅱ.1-1

A：Hello. John?　（もしもし。ジョン？）

B：Speaking.　（そうだよ。）

A：Hello. Is John there?　（もしもし。ジョン，いる？）

B：Hold on.　（ちょっと，待って。）

A：Hello. Is Tim there?　（もしもし。ティムいる？）

B：Who's calling?　（どなた。）

A：Hello. This is Yuko. Is Mike there?
　　（もしもし。裕子だけど。マイクいる？）

B：Hi, Yuko. He is not in [He doesn't seem to be in].
　　（やあ裕子。彼は留守だよ ［いないみたいだ］。）

<u>（2）メッセージを残す　Leaving a message</u> 🔊 Ⅱ.1-2

A：Any message?（何か伝言ある？）

B：Yes. Tell [Please tell] him to give me a call at home.
　　（うん。家に電話してって伝えて。）

A：Want to leave a message?　（何か伝えとく？）

B：Tell [Please tell] her I called.
　　（私から電話があったって言って。）

（3）電話を切る　Ending a phone call ◀) Ⅱ.1-3

· I gotta go, John. Nice talking to you.
（もう行かなくちゃ，ジョン。君と話ができてよかったよ。）

· Good talking to you, too.
（僕も君と話せてよかったよ。）

· 'Preciate（I appreciate）your call.
（電話サンキュー！）

· Let you go now.
（じゃ，また。）

＊「電話を切る」の最初の2つの表現は，電話を切ることを
相手に知らせたい方が使える表現なので，かけた方も受け
た方も使うことができます。最後の2つの表現は，電話を
受けた方が切る時に使う表現です。

💬 会話例 ◀) Ⅱ.1-4

A：Hello. This is Yuko. Is John there?
（もしもし。裕子です。ジョン，います？）

B：Hi, Yuko. He is not in right now. Did you call him on his cell?
（こんにちは，裕子。今留守だよ。携帯に電話したかい。）

A：I did. He doesn't answer.
（したわ。でも出ないの。）

B：He might have left the phone at home, then. I'll leave him a message that you called.
（携帯を家に忘れていったかな，じゃあ。君から電話があったと伝言を残しておくよ。）

A：Thanks. I want him to call me back as soon as he gets in.
（ありがとう。帰って来たらすぐ電話してほしいの。）

💬 表現例

（1）電話をかける・電話を受ける Making ／ receiving a phone call

🔊 II.1-5

A：Hello. Is Mr. Tanaka in? （もしもし。田中さんいますか。）

B：Who's calling, please? （どなたですか。）

A：Hello. May I speak to Mr. Tanaka?
（もしもし。田中さんいらっしゃいますか。）

B：May I ask who's calling? （どちら様ですか。）

A：Hello. This is Al Goodyear. Is Mr. Tanaka in?
（もしもし。アル・グッドイヤーですが，田中さんいらっしゃいますか。）

B：Mr. Goodyear, hold on, let me check if he is in.
（グッドイヤーさん，ちょっとお待ちください。いるかどうか見てみます。）

（2）メッセージを残す Leaving a message 🔊 II.1-6

A：May I take a message? （伝言お受けしますか。）

B：Yes. This is Mr. Goodyear. Would you please tell him to call me back at my office?
（はい。こちらはグッドイヤーです。オフィスにお電話をいただきたいとお伝えくださいますか。）

A：Would you like to leave a message?
（何か伝言はございますか。）

B：I would. Would [Will] you ask her to call me on my mobile phone [cell]? （お願いします。私の携帯にお電話いただきたいとお伝えくださいますか。）

A：May I leave a message? （伝言お願いできますか。）

B：Of course. （もちろんです。）

（3）電話を切る　Ending a phone call 🔊 II.1-7

B：Thank you for calling.　（お電話ありがとうございました。）

B：It was nice of you to call.
（お電話いただきありがとうございました。）

B：I appreciate your call.　（お電話感謝いたします。）

・It was nice talking to you.（お電話でお話できてよかったです。）

・I'm afraid I must let you go now.
（すみません，もう電話を切らなければなりません。）

💬 会話例 🔊 II.1-8

A：Hello.　May I speak to Mr. Tanaka in R&D?
（もしもし。研究開発部の田中さんはいらっしゃいますか。）

B：May I ask who's calling?　（どちら様でしょうか。）

A：Henry Watson from Watson Engineering.
（ワトソン・エンジニアリングのヘンリー・ワトソンです。）

B：Please hold on.　I will check if he is available.　I'm sorry, Mr. Watson, he is in a meeting right now.　May I have him call you back?
（ちょっとお待ちください。電話に出られるかどうか確認致しますので。すみません，ワトソンさん。ただ今会議に入っております。後ほどお電話お返しするということでよろしいですか。）

A：Around what time will that be?（何時ごろになりますかね。）

B：Probably another half an hour or so.　Would you like to leave a message?
（多分，あと30分後ぐらいになるかと思いますが。何か伝言はございますか。）

A：Yes, please tell him that I called.
（ええ，私から電話があったとお伝えください。）

B：I sure will.　Thank you for calling.
（必ず伝えます。お電話ありがとうございました。）

Formal

💬 表現例

（1）電話をかける・電話を受ける Making ／ receiving a phone call

🔊 Ⅱ.1-9

A：Hello. This is Dave Watson from Watson Trading. May I speak to Mr. Tanaka in the HR (Human Resources) department?

（もしもし，ワトソン商会のデーブ・ワトソンですが，人事部の田中さんとお話できますか。）

B：Will you hold on a moment, please?

（少々お待ちくださいますか。）

A：Watson Trading, may I help you?

（ワトソン商会でございます。）

B：This is Ichiro Tanaka from Mita Holdings. May I speak to Mr. Watson in the marketing department?

（美田ホールディングズの田中一郎でございますが，営業部のワトソンさんいらっしゃいますか。）

（2）メッセージを残す　Leaving a message 🔊 Ⅱ.1-10

A：May I take a message, sir / ma'am?

（伝言をお受けしましょうか。（男性に／女性に））

B：Thank you. I would appreciate it if you will ask him to call me back when he has a chance.

（ありがとうございます。お時間があったらお電話いただきたいとお伝えいただければありがたいのですが。）

B：Would you like to leave a message for him, Mr. Tanaka?
（田中さん，伝言はございますか。）

A：I would, if I may. Would you kindly ask Mr. Tanaka to call me on my mobile phone [cell phone] when he has time?
（よろしければ，お願いします。恐れ入りますが，田中さんに時間ができたら私の携帯にお電話いただきたいとお願いしていただけますか。）

A：Would you kindly take a message?
（恐縮ですがご伝言願えますか。）

B：Certainly.
（かしこまりました。）

（3）電話を切る　Ending a phone call　◀) Ⅱ.1-11

B：We appreciate your call very much.
（お電話いただき深く感謝申し上げます。）

B：I certainly will tell him that you called.
（お電話いただきましたこと，申し伝えます。）

・I'm afraid I must let you go now.
（申し訳ありませんが，失礼しなければなりません。）

・Good day [afternoon / night], Ms. [Mr.] Johnson.
（ごきげんよう，ジョンソンさん。）

会話例 🔊 Ⅱ.1-12

A：Daisy Publishing. Yuta Ohtani, speaking. May I help you?
（デイジー出版，大谷裕太でございます。どちら様でいらっしゃいますか。）

B：Hello. This is Susie Boil from JC Industries. May I speak to Mr. Okada in the Foreign Novels Editing Department?
（もしもし。JC インダストリーズのスージー・ボイルと申しますが，外国小説編集部の岡田様いらっしゃいますでしょうか。）

A：Ms. Boil, I'm afraid he is not in now. Would you like to call him on his cell phone?
（ボイル様，申し訳ありませんが岡田はただ今外出しております。岡田の携帯の方にお電話いただけますか。）

B：I don't have his mobile phone [cell phone] number with me now. Would you give it to me?
（今，岡田さんの携帯番号が手元にないのですが，教えていただけますか。）

A：Oh, I'm terribly sorry. We are not allowed to give any of our employees' personal phone numbers to anyone without their consent. If you leave me your number, I will have him call you.
（大変申し訳ございませんが，従業員の携帯番号を本人の同意なしにどなたにもお伝えすることはできないことになっております。そちら様の番号をお教えいただければ，岡田から電話をさせますが。）

B：Of course. Let me give you my number.
（当然そうですよね。では，私の番号を差し上げます。）

A：Thank you very much for your understanding.
（ご理解いただきまして，大変恐縮でございます。）

II.2 出張・海外旅行
- Travelling overseas

　国外に出ると，予想以上に緊張を強いられることが少なくありません。思わぬ出来事に遭遇したりすることもあります。空港に到着した時点から，まずは，（1）保安検査を通らねばならず，いくら待っても自分の荷物が出てこない（2）荷物紛失というアクシデントもあり得ます。上司のお供での海外出張の場合は，上司の分まで（3）現地通貨への両替の心配をしなければなりませんし，（4）空港で迎車サービスを利用する手配をしなければならないこともあるでしょう。無事にホテルに到着してもお供は気が抜けないもので，出張の一行を代表して（5）ホテルのスタッフに尋ねるべきことも少なくありません。

　このセクションでは，そうした出張や海外旅行の際，空港係官などがよく使う，聞き取りにくい短いフレーズや文を取り上げましょう。また，いろいろな場面にできるだけスムーズに対応する上で役立つ英語表現を見ていきます。このセクションで紹介する表現例はほとんどが Casual もしくは Semi-formal の表現です。それで十分だからです。

（1）保安検査 Security clearance － 知っておくと聞き取りやすい係官の発言

　出入国保安検査場（security check point）では，X 線検査機による手荷物（carry-on baggage）検査と金属探知機（walk-through metal detector）による搭乗者検査が行われます。2001 年のアメリカ同時多発テロ発生以来，アーミーナイフや爪切りなど機内持ち込み禁止品目が多いので注意が必要です。液体物も基本的に持ち込み禁止ですが，化粧水などは 100 ミリリットル以下であれば持ち込めます。チャック付きビニール袋（zip-top bag）にいれておきましょう。

　上着にベルトや時計，コインなどの金属製品，靴までも脱いで X 線検査を通すこともあります。搭乗者自身も物理的な身体検査（pat down search）や全身スキャニング（full body scanning）を求められることがあります。"Police dog on duty." の看板が掲げられ，警察犬が仕事をしていることもあります。「かわいい」などと言ってなでたりせず，静かに見守ります。

🗨 表現例　◀)) II.2-1

Any liquids? Dump [Put / Place] it in the bin there.
（液体物持ってますか。そこのごみ箱に捨ててください。）

Any loose coins in your pockets?
（ポケットにバラの小銭入れてませんか。）

Back [Please back] up and walk through (the metal detector) again.
（戻って，もう一度そこ［金属探知機］を通ってください。）

Step [Please step] aside for a pat-down.
（そっちへ寄って。ボディチェックしますから。）

Go [Please go / Walk / Please walk] through the scanner [full body scanner].
（ボディスキャナーを通って。）

Watches, belts, anything else with metals should go through the X-ray.
（時計，ベルト，そのほか金属製のものがついているものは検査機に通して。）

This way, sir [ma'am]. Open your bag, please.
（こちらへ来てください。バッグを開けてください。）

🗨 会話例 🔊 II.2-2

（1）　保安検査 Security clearance　（P=Passenger 乗客, O=Officer 係官）

P : Shoes and jacket go in the bin, too?
（靴と上着もこの容器に入れますか。）

O : Right.（そうです。）

P : My cell phone and iPad?（携帯と iPad は？）

O : Into the bin, please.（それも容器に入れてください。）

P : My PC should go through the X-ray, too?
（パソコンも X 線の機械を通すんですか。）

O : I'll take it.　Step aside, ma'am, for a pat-down.
（それは預かります。そちらへ寄ってください。ボディチェックしますから。）

（2）　荷物紛失 Lost luggage

> 　空港の荷物引き取り場所（baggage claim）の所定のターンテーブル（carousal）
> で，いくら待っても荷物が出てこないというありがたくない経験をすることがあ
> ります。そんな時は航空会社のカウンターや "Baggage Claim" あるいは "Lost and
> Found" という表示のあるオフィスを探して荷物の紛失届けを出します。荷物が見
> つかれば宿泊先に送ってくれますが，すぐに届く保証はありません。1，2日は
> 急場をしのげるよう必需品と下着くらいは手荷物に入れておくと安心です。

🗨 表現例 🔊 II.2-3

My luggage didn't come out.
（荷物が出てこなかったんですが。）

Our luggage hasn't arrived.　What should we do?
（荷物がまだ出てきません。どうしたらいいですか。）

Where is the baggage claim office?
（紛失荷物届け出事務所はどこですか。）

🗨 会話例

●空港スタッフに尋ねる　（P=Passenger 乗客, A=Airport staff 空港スタッフ）

◀)) Ⅱ.2-4

P : Our luggage didn't come out.
（荷物が出てこなかったんだけど。）

A : Check the bags on the floor over there. You might find them there. If not, I'd go to the Baggage Claim (Office).
（あっちの床に並んでる荷物を調べてみてください。あの中にあるかもしれません。なければ，私だったら紛失荷物届け出事務所に行きますね。）

P : Where is it?
（どこですか，それは。）

A : At the other end, near the exit. You'll see the sign in red.
（反対側の出口のそばです。赤字のサインがあります。）

P : Thanks.
（ありがとう。）

●紛失物取り扱い事務所に届ける　（P=Passenger 乗客, S=Staff スタッフ）

◀)) Ⅱ.2-5

P : Excuse me. Our luggage hasn't arrived. We arrived here more than an hour ago. We were supposed to get the luggage on carousel 31.
（すみません，荷物が出てきてないんですが。1時間以上前に到着して，ターンテーブル 31 に荷物が出てくるはずだったんですが。）

S : Would you like to fill in this lost-baggage claim form? If we find your luggage, we'll send it to your hotel.
（この荷物紛失届に書き込んで紛失届を出しますか。見つかったら，ホテルにお届けします。）

（3）両替　Changing money

　最近はクレジットカードや携帯アプリなどで支払いを済ませる場面が多く，店によっては現金お断り "No Cash accepted" というサインを出しているところすらあります。しかし，アメリカでなくても，タクシーの運転手に料金の10%，ホテルで荷物を運んでくれる従業員に1個につき1−2ドル相当，部屋を掃除してくれるメイドさんへの枕銭も1ドル程度など心づけが必要になることが多いので，現地の小銭は不可欠です。ちょっと買い物をして100ドル札などでお釣りをもらおうとしたりすると店では嫌な顔をされかねません。そもそも日本と違って高額の紙幣を使うような場面が少なく，偽札ではないかと疑われるのが関の山です。「釣銭がない」と言って，受け取りを拒否されることもあります。両替所（money exchange）では，必ず小銭を混ぜてもらうとよいでしょう。

💬 表現例　◀》 Ⅱ.2-6

Give [Please give] me small bills.　（小銭でください。）

May [Can] I have small bills?　（小銭にしてくれますか。）

Would you give them to me in small bills?　（小銭でお願いします。）

Would you give me ones?（1ドル紙幣でくださいますか。）

💬 会話例　（C＝Customer 客，E＝Exchanger 両替商）　◀》 Ⅱ.2-7

C：Give [Please give] me small bills. Ones mostly.
　　（小銭にしてください。ほとんど1ドルで。）

E：I can give you five ones and a five, and the rest in 10's and 20's.
　　（1ドル5枚と5ドル1枚，後は10ドルと20ドル紙幣になります。）

C：I want 10 ones, and nine 10's.
　　（1ドル10枚にして，それと10ドル9枚。）

E：No. I can only give you five ones.
　　（できません。1ドル紙幣は5枚だけしか出せません。）

C：OK. Then five ones.　（いいわ。じゃ，1ドル5枚で。）

（4）空港で迎車サービスを利用する　Using a pick-up service at the airport

　空港から目的地へはタクシーや公共交通機関の利用も多いですが，出張旅行の場合は効率を考えて，事前に送迎サービスを予約することもあるでしょう。空港での待ち合わせには，担当者が依頼人の社名や名前を書いた紙を掲げて迎えに来ています。また，国際会議参加の場合などは，よく主催者が空港に迎えのシャトルバスを出してくれます。間違いなく自分たちを迎えにきた人であることを確認してから利用しましょう。出迎えの人と出迎えを受ける人の間でよく使われる表現を見てみましょう。

💬 表現例

●会議主催者等のスタッフの出迎え　（P＝Pick-up 出迎え，V＝Visitor 訪問者）

🔊 Ⅱ.2-8

> P：Shuttle service for anyone attending the conference!!
> （会議に出席する方，どなたでもご利用いただけるシャトルサービスですよ。）

> V：Are you taking us to the conference venue?
> （会議場へ送ってくれるんですか。）

> P：Free transportation for Motor Show attendees!!
> （モーターショー参加の方，無料送迎です。）

> V：You mean you will take us to the venue or the hotel?
> （会場まで連れて行ってくれるんですか。それともホテルですか。）

●事前にアレンジした業者の迎え　（P＝Pick-up 出迎え，V＝Visitor 訪問者）

🔊 Ⅱ.2-9

> P：（名前を書いた看板を持って）Mr. Tanaka from JSD, Japan!
> （日本の JSD の田中さん！）

> V：That's me! You are from 3M Pickup Service?
> （僕です。3 M 送迎サービス社の人ですか。）

会話例 （V=Visitor 訪問者, Driver ドライバー） 🔊 II.2-10

●社長の名前で事前手配した業者の出迎え・交渉が必要な時も

V : (Sasaki というサインを持って待っている人に) That's us.　You are from 3M Pickup Service, correct?
（それ，私たちです。3 M送迎サービス社の人で間違いないですか。）

D : You are Sasaki from JSD?
（JSD の佐々木さんですか。）

V : I'm Ohta.　Mr. Sasaki is here.　Will you take us to the Hilton?
（私は太田です。こちらが佐々木社長。ヒルトンまで行ってくれるの。）

D : Yes, sure.　Come with me.　I had to park across the bridge. No parking spaces here, you know.
（そうです，私とこっちへ来てください。橋の向こうに駐車しなきゃならなかったんですよ。こっちには駐車するところがないんで。）

V : Across the bridge?　How far is it?
（橋の向こう？　どのくらい遠いの。）

D : Oh, about 10 minutes.
（10 分ぐらいですよ。）

V : 10 minutes!　Can we wait for you somewhere nearby?　We have big suitcases.
（10 分ですって！　私たちこの辺で待てませんか。大きな荷物があるので。）

D : OK.　Wait for me at that corner, then.
（オッケー！　じゃ，あの角で待っててください。）

（5）ホテルのスタッフに尋ねる　Communicating with hotel staff

ホテルでの様々な交渉にも，casual もしくは semi-formal 程度の表現を使えばよいでしょう。ホテルのスタッフではあっても，人間として尊厳を尊重することが大切です。かといって，こちらは客ですから，何か不都合を感じた時には，当然の要請や要求はしてもよいはずです。場合によっては，ある程度断固とした口調での物言いが必要になることもあるかもしれません。

① wi-fi の使い方を聞く　Finding out about the wi-fi service and how to use it

最近では，ほぼ大体のホテルで無料の wi-fi が使えますが，パスワードが必要です。チェックインの時に，レセプションで確認するとよいでしょう。大抵の場合ロビーや会議場用と自分の部屋用のパスワードがあります。

💬 表現例　◀)) II.2-11

Can I use wi-fi here?
（ここでは wi-fi が使えますか。）

Do you have free wi-fi service available?
（無料 wi-fi サービスを提供していますか。）

How do I log-in to the wi-fi?
（wi-fi へのログインはどのようにすればいいですか。）

💬 会話例　（C=Customer 客，S=Staff スタッフ）　◀)) II.2-12

C：Do you provide free wi-fi service in this hotel?
（このホテルでは無料の wi-fi サービスがありますか。）

S：Yes, Madam.　Just log in to the hotel web-site.　The password is your name and room number.
（はい，ございます。ホテルのウェブサイトにログインしていただければ。パスワードはお客様のお名前と部屋番号です。）

②朝食について聞く　Finding out about breakfast

ホテルでの朝食は，宿泊料金に含まれている時といないときがあります。到着したときに確認しておくとよいでしょう。ついでに，朝食を出すレストランの場所や時間も聞いておきましょう。

● 表現例　◀)) Ⅱ.2-13

Is breakfast included in the room charge?
（朝食は宿泊代に含まれていますか。）

Will you check if the breakfast is included in my room charge?
（朝食が宿泊代に含まれているか確認してくれますか。）

Which restaurant serves breakfast?
（朝食はどのレストランで提供されますか。）

What time do they start serving breakfast?
（朝食は何時からですか。）

What time is the breakfast?　（朝食の時間は何時ですか。）

● 会話例　（C＝Customer 客，S＝Staff スタッフ）　◀)) Ⅱ.2-14

C：Are the breakfasts included in the room charge?
（朝食は宿泊費に含まれていますか。）

S：Yes, they are, Madam.
（はい，含まれております，奥様。）

C：Where do they serve breakfast and from what time?
（どこで出されますか。それと何時から？）

S：Restaurant Camelia on the 2nd floor, between 6:00 and 11:00, ma'am.
（レストラン・カメリアで，6 時から 11 時でございます。）

C：Thank you. If I want to have breakfast in my room, do I call the room service?
（ありがとう。部屋でとりたい場合は，ルームサービスに電話をするのかしら。）

S：You will find the order form in your room. Fill one out and hang it outside on your door-knob by midnight.

（注文書がお部屋にありますので，記入してドアの外の取っ手に夜 12 時までに掛けておいてください。）

C：By midnight. OK. Thanks.

（夜 12 時ね。わかったわ。ありがとう。）

③トラブル発生　Troubles

　海外のホテルでは，何かと不便なことが少なくありません。風呂の湯の出が悪かったり，トイレが流れなかったり，日本に比べて電圧がかなり高く，日本製の電気製品はそのまま使用すると壊れてしまうので，変圧器が必要になることもあります。場合によっては隣の客が夜遅くまでうるさく騒いでいて眠れないなどという問題が発生することもあります。そんな時は，我慢している必要はありません。事情を話してすぐに対応してくれるよう要求したり，部屋を変えてくれるように交渉する必要も出てくるかもしれません。以下は，そんな時に知っておきたい表現の例です。

🗨 表現例　◀)) II.2-15

The toilet doesn't flush! Please send someone right away.

（トイレが流れません。すぐに誰かよこしてください。）

The bath tab is clogged and the water doesn't drain.

（風呂が詰まって水が流れません。）

May I have an extension cord? （延長コードを貸してくれませんか。）

Do you have a voltage converter that I can use?

（（借りられる）変圧器ありますか。）

I must ask you to check on the people in Room 780. They have been so noisy all night. I couldn't sleep at all last night.

（780 号室の人たちをチェックしてください。夜中中うるさくて。昨日の夜は全く眠れませんでした。）

The people next door were so noisy all night. I want another room.

（隣の人たちが夜中中うるさくて。私を別の部屋に移してください。）

④体調を崩したら　Getting sick

　海外旅行では思わぬ下痢や怪我に見舞われることもあります。出張であれば休むこともすぐに病院に行くこともできず緊急対応を余儀なくされることもあります。訪問国や季節によって，念のために虫よけスプレーを持参したり，下痢止めや，熱いお湯に溶かして飲むと脱水症 dehydration を防ぐ粉状のスポーツドリンク剤などを携帯したりすると助かることがあります。足をくじいた時などは医者に診てもらうべきですが，とりあえずホテルで氷をもらって冷やすという手もあるかもしれません。

💬 表現例　🔊 II.2-16

I have a bad stomachache. Please bring me a pot of boiling water.
（お腹の調子がひどく悪いんです。熱湯をポットに入れて持ってきてください。）

I'm suffering from a bad case of diarrhea. Would you send me a big pot of hot water?
（ひどい下痢になってしまいました。熱いお湯を大きなポットで持ってきてもらってください。）

I sprained my ankle. Would you bring me a bucket of ice cubes and a big plastic bag?
（足首をくじいてしまいました。バケツ1杯の氷と大きいビニール袋を持ってきてくれますか。）

Would you send me a lot of ice cubes and extra towels? I've got a swollen foot.
（氷をたくさんとタオルを余分に届けてくれますか。足がはれ上がってしまったのです。）

⑤観光について尋ねる　Inquiring about possible sightseeing

出張中でも少しは息抜きの時間が取れるかもしれません。インターネットやガイドブックで，仕事の合間にできた数時間程度で回れる観光地などを探ることも簡単になっています。限られた時間での観光には，タクシーの利用も有益です。ホテルのコンシェルジュに聞いてみましょう。

💬 **表現例** 🔊 Ⅱ.2-17

Can we hire a taxi for a few hours tomorrow?
（明日，タクシーを数時間雇えますか。）

We have a few hours to kill tomorrow morning. Would you help us find a couple of nice sightseeing spots to visit?
（明日の朝数時間，時間ができたんですが，2，3か所観光できそうないいところを教えてくれますか。）

What would be [is] the most convenient way to get to the Vatican?
（ヴァチカンへの一番便利な行き方は何ですか。）

Can you recommend a fancy restaurant for the night?
（今夜のために，どこかお勧めの素敵なレストランはある？）

Are there any short sightseeing tours you recommend?
（お勧めの短い観光ツアーがあるかしら。）

Ⅱ.3　交渉をする
－Negotiation

　交渉（negotiation）と言うと「ビジネス交渉」や「外交交渉」などのフォーマルな場面が思い浮かびますが，実際は家族，友人，職場の同僚とのやり取りや買い物の場面など，人は交渉しながら生きていると言っても過言ではありません。職場の上司から難しい仕事の指示があれば自分の能力の範囲で達成できるような条件の交渉をしなければいけません。子供を保育園に預けている共働き夫婦はいつどちらが迎えにいくか話し合うでしょう。友人と食事をするという楽しい場面でも，和食派と洋食派がいれば，レストランを決めるときにある程度の譲歩が必要です。

　交渉には勝つか負けるかしかない競争的な交渉（Competitive negotiation）もありますが，本書では双方が満足できる結果（Win-win）を目指す協働的交渉（Collaborative negotiation）を取り上げます。

　協働的交渉は8つの段階から構成されます。各段階の表現を覚えましょう。

（1）　交渉を始める前に良い印象を与える
（2）　自分の立場を示す
（3）　交渉を始める
（4）　相手の答えに対して説明を求める
（5）　同意できないことを告げる
（6）　妥協案を示す
（7）　合意を告げる
（8）　交渉を締めくくる

🗨 表現例

（1）交渉を始める前に良い印象を与える　🔊 Ⅱ.3-1

I'm pleased to see you again.
（また会えて嬉しいです。）

I'm lucky to have you here today.
（今日はあなたに来ていただけて幸運です。）

Welcome to our office.
（私たちのオフィスにようこそ。）

We'd like to enter [make] a win-win agreement.
（双方の利益になるような合意をしたいと思います。）

（2）自分の立場を示す　🔊 Ⅱ.3-2

Please let us explain our current position.
（私たちの現在の立場を説明させてください。）

First of all, we would like to agree on the aims of this meeting.
（まず，この会合の狙いについて合意しておきたいと思います。）

What we can offer you today is that we will assume the cost of marketing research.
（本日提案できるのは市場調査の費用を当方が負担することです。）

We are prepared to advance the delivery date.
（納期を早める用意があります。）

（3）交渉を始める　🔊 Ⅱ.3-3

We can offer you a discount if you order a large quantity.
（大量の注文であれば値引きできます。）

We need the product by the end of this month. Can you make it?
（製品は今月末までに必要です。できますか。）

I'm afraid we cannot deliver the goods sooner than the date we agreed on, because this is our busiest time of the year.
（残念ながらお約束した日よりも早くに商品をお届けすることはできません。今が年間を通して一番忙しい時期なので。）

（4）相手の答えに対して説明を求める 🔊 Ⅱ.3-4

Excuse me. What do you mean by changing the conditions?
（失礼ですが，条件を変えるとはどういう意味ですか。）

Could you be more specific about the information you expect us to provide?
（当方が提供すると期待される情報についてさらに具体的に教えてくださいますか。）

How many is your minimum order?
（最低の注文数量はいくつですか。）

If I understand you correctly, you are saying you will change the raw materials, aren't you?
（私の理解が正しければ，原材料を変えるとおっしゃっているのですよね。）

Are you telling me you will close your plant in China?
（中国の工場を閉鎖すると言うのですか。）

（5）同意できないことを告げる 🔊 Ⅱ.3-5

We cannot agree with you on this point. （この点は合意できません。）

That is not acceptable to us. （それは当方には受け入れられません。）

That is not how we look at it. （私たちはそういう見方はしていません。）

There is a large gap between our positions.
（私たちの立場の間に大きなギャップがあります。）

（6）妥協案を示す 🔊 Ⅱ.3-6

How about 30 dollars for ten? （10個まとめて30ドルでどうですか。）

If you would accept a three-month delay on delivery, we could consider giving you a lower price.
（納入時期を3か月延期することを受け入れてもらえるなら，値引きの検討もあり得ます。）

We are willing to make a compromise on condition that you agree to share your service information with us.
（御社のサービス情報を当方と共有していただくという条件ならば，譲歩しても構いません。）

（7）合意を告げる 🔊 II.3-7

That sounds great.

（大変結構です。）

This is acceptable.

（これで結構です。）

Fine.

（結構。）

We agree.

（合意します。）

This looks good.

（良さそうですね。）

（8）交渉を締めくくる 🔊 II.3-8

Let's confirm the details of our agreement.

（合意の詳細を確認しましょう。）

Let me summarize what we have agreed.

（私から合意したことを要約させていただきます。）

I would like to recap on the main points we discussed today.

（今日話し合った主な点を振り返ります。）

🗨 会話例

<u>友人と食事をするレストランについて相談する</u> ◀)) Ⅱ.3-9

A：Hi guys, long time no see. Do you know any good restaurants around here?
（やあ，ずいぶん久しぶりだよね。このあたりにいいレストラン知らないかい。）

B：My suggestion is Hana Gyu, a good Kobe beef restaurant. I am a regular customer there and can get a special discount.
（私のおすすめはハナギュウ，おいしい神戸ビーフのレストランよ。私はあそこの常連だから特別に割引してもらえるわ。）

C：Sounds good, but I had a spicy beef curry for dinner last night.
（良さそうだね。でも僕は昨日の夕食にスパイスの効いたビーフカレーを食べたんだ。）

A：Tom, do you mean you would like to avoid beef because you had beef curry last night?
（トム，君は夕べビーフカレーを食べたから牛肉は避けたいということかい。）

B：I understand you, but others are for Kobe beef.
（あなたの言うことは分かるけれど，他の人たちは神戸ビーフに賛成しているわ。）

A：The restaurant has a variety on the menu, such as pork cutlet.
（レストランのメニューにはポークカツレツなど，いろんな料理があるみたいだよ。）

C：All right. I will try pork. （いいね。僕はポークにしようかな。）

B：Perfect. Let's go to Hana Gyu and Tom will order a pork cutlet. OK?
（これで決まりね。ハナギュウにしよう。トムはポークカツレツを注文する。それでいいわね。）

会話例

お店で値引き交渉をする ◀)) Ⅱ.3-10

A：Beautiful flower vase! Is this an authentic work from China?
（きれいな花瓶だこと。本物の中国製ですか。）

B：You're right, Madam. You are a connoisseur.
（お客様，その通りでございます。お目が高い。）

A：Would you give me a discount, please?
（お安くなりませんか。）

B：We can offer you a discount if you order a large quantity.
（大量の注文であれば値引きできます。）

A：I'm very interested, but it's over my budget. I will be pleased to take this if you could give me a ten percent discount.
（とても興味がありますが，予算を超えています。 1割値引きしてくださったら喜んで買わせていただきます。）

B：We offer a ten percent discount for a member of our customers' club. The membership fee is very modest.
（顧客クラブの会員の方には1割引き価格でご提供しています。 会費はわずかです。）

A：Could you clarify your suggestion? You mean I would receive a ten percent discount in exchange for paying membership fees?
（もう少し説明してくださいますか。会費を払えば1割引になるということですか。）

Ｂ：You're correct. Here is an application form for membership.
（おっしゃる通りです。こちらが会員申込書です。）

Ａ：Thank you for your suggestion, but I don't like to enter much data. I will become a member if entering my name and address is enough.
（お話はありがたいのですが，たくさんのデータを入力したくありません。名前と住所を入力するだけでいいのなら会員になります。）

Ｂ：No problem, Madam.
（お客様，それで十分です。）

Ａ：All right. I think it's a good buy.
（いいですね。良い買い物だと思います。）

Ｂ：Thank you very much. I'm happy you have accepted our offer.
（ありがとうございます。私どもの申し出をお受けいただいて嬉しく思います。）

Ａ：Let me check. The price is ten percent cheaper and you will send me a membership card later. Very good. Thank you.
（確認させてください。価格は1割引，あとで会員証を送ってくださるのですよね。大変結構です。ありがとう。）

💬 会話例

ビジネスの交渉をする 🔊 II.3-11

A：Thank you for coming all the way to Tokyo. How was your flight?
（わざわざ東京までお越しいただきありがとうございます。フライトはいかがでしたか。）

B：Very good. It's nice to visit Tokyo again.
（快適でした。また東京に来ることができて幸いです。）

A：Today, we will discuss pending issues about the contract. I hope we will reach agreement on them and be ready to sign the contract.
（本日は契約に関する懸案事項を話し合います。 合意が成立し契約調印の準備ができるよう希望します。）

B：We hope so, too.
（私たちもそのように希望します。）

A：We are willing to agree to the terms of your offer on the precondition that you promise to purchase the minimum number of products for at least ten years.
（最低数量を少なくとも 10 年購入することを約束していただけるという条件なら，御社の提案の条件を喜んで受け入れます。）

B：As you know, international market conditions are changing more rapidly than before. We cannot promise the minimum purchase longer than five years.
（ご存じのように，国際市場の状況が以前よりも速いスピードで変化しています。最低数量の購入を 5 年以上お約束することはできません。）

A：Could you give us a little more detail about your future procurement plan?
（御社の今後の調達計画をもう少し詳細にご説明いただけますか。）

B：We believe your products are best in quality in the world. Perhaps we will buy much more than the minimum quantity for ten years or more, but we cannot guarantee.

（御社の製品は世界最高の品質のものと確信しています。おそらくわが社は10年，あるいはそれ以上にわたって，最低数量をはるかに超える購入をすると思いますが，それを保証することはできません。）

A：I'm afraid we cannot accept the condition.

（残念ながらその条件は受け入れられません。）

B：I understand you need our guarantee, but 10 years is too long for us.

（保証が必要であることは理解しますが，わが社にとって10年は長すぎます。）

A：Let's meet in the middle. Our absolute bottom line is 7 years.

（中を取って折り合いましょう。最低7年が私たちの絶対条件です。）

B：Let us propose that we guarantee the minimum quantity for five years. If we fail to do so for the following 2 years, we will compensate 70 percent of the loss.

（では，5年間の最低数量の購入を保証し，その後の2年間でそれを下回った場合は，不足分について7割の補償をするという提案をさせていただきます。）

A：Very good. I believe we have an agreement.

（大変結構です。合意ができましたね。）

B：We appreciate your understanding. （ご理解に感謝します。）

A：Is there anything left out? If not, let's close the meeting. I will send you the minutes afterwards.

（何か忘れていることはありませんか。無いようでしたらこれで会議を終わります。後ほど議事録をお送りします。）

Ⅱ.4 会議を開く
－Holding a meeting

　会議を成功に導く秘訣は準備にあります。まず，会議の目的と討議項目（agenda）を決め，内容について有用な知識や情報を持っている参加者を選びます。物事を決めるための会議であれば，決定権限のある人の参加は欠かせません。会議の性質や参加者の人数に応じて，参加者が円卓や横長のテーブルを囲むか，発表者と対面するように座るかを決めておく必要があります。討議項目と関連資料を事前に参加者に配布しておくことは言うまでもありません。準備ができたらいよいよ開始。議長としてのリーダーシップが問われます。

　ここでは議長の発言の流れを8つのステップに分け，それぞれの表現例を紹介します。

（1）　冒頭の挨拶
（2）　開会を告げる
（3）　会議の主旨説明
（4）　会議の進め方の説明
（5）　発言を促す
（6）　発言をコントロールする
（7）　会議を締めくくる
（8）　閉会の挨拶

　semi-formal　な表現が中心ですが，C（casual），SF（semi-formal），F（formal）の目安を示します。日常的な職場の会議や正式な国際会議など，場面に合わせて適切な表現を選んでください。

💬 表現例

（1）冒頭の挨拶 🔊 II.4-1

Good morning, everybody.
（皆さん，おはようございます。）（C）

Thank you all for gathering [being] here.
（皆さんお集まりいただきありがとうございます。）（SF）

I would like to thank all participants for helping us hold this conference.
（この会議を開催するためにいただいたご助力に対し，すべての参加者の皆様に感謝します。）（SF, F）

Thank you for taking your valuable time to come here despite your busy schedule.
（お忙しい中，貴重な時間を取ってご出席いただきありがとうございます。）（SF）

（2）開会を告げる 🔊 II.4-2

Let's start.
（始めましょう。）（C）

Shall we start?
（始めましょうか。）（C）

I'd like to open the meeting.
（会議を始めたいと思います。）（SF）

It's about time to get started.
（そろそろ開始時刻となりました。）（SF）

It is an honor for me to open the World Congress.
（世界会議を開会することを光栄に存じます。）（F）

I would like to call the conference to order.
（会議を始めたいと思います。）（F）

I now declare the World Congress open.
（ここに世界会議の開会を宣言します。）（F）

On behalf of the organizing committee, I'd like to declare the general assembly open.
（組織委員会を代表し，総会の開会を宣言します。）（F）

（決議を行う会議）We have a quorum, satisfied by the attendance of 12 voting members. Let me declare the conference open.
（投票権のある12人のメンバーの出席をもって定足数に達しました。会議の開会を宣言します。）（SF, F）

（3）会議の主旨説明 ◀》 II.4-3

Today we are here to discuss how to carry out the ABC project.
（本日はABCプロジェクトをどのように実行するかについて話し合います。）（SF）

Let me outline what we would like to discuss here this afternoon.
（午後のディスカッションの概要を説明します。）（SF）

This is the first meeting to discuss our new business strategy in Asia.
（これは我々のアジアにおける新しいビジネス戦略を話し合う最初の会議です。）（SF）

The purpose [aim] of today's meeting is ... （本日の会議の目的は，）
to tell you ... （情報共有）
to discuss [exchange opinions about] ... （話し合い，意見交換）
to make a decision about ... （決定）（SF, F）

We are now convening the symposium on international cooperation to mitigate climate change.
（このシンポジウムは気候変動を緩和するための国際協力に関するものです。）（SF, F）

（4）会議の進め方の説明 🔊 II.4-4

First of all, Mr. A will explain the background of the present situation. We will discuss topics on the agenda and wrap up before 4 pm.

（まず最初に，Aさんが現在の状況の背景を説明します。アジェンダに沿って話し合いを行い午後4時前に終了します。）（SF）

I will ask you to give your opinion, one by one, and then move on to a general discussion.

（皆さんから1人ずつ意見を言っていただき，それから全体討論に移ります。）（SF）

We have three topics today. We will deal with them in chronological order.

（本日は3つの話題があります。それを時系列的に取り上げます。）（SF）

Let us start with the first point, the goal of the new global vision. Then come to the next, competition in the domestic market, and finally discuss what each department is expected to do.

（まず，最初のポイントである新しいグローバルビジョンの目標から始めます。次は国内市場における競争，最後に各部門に何が期待されているかを話し合います。）（SF）

We will discuss two proposals of new business tie-ups. At the end, we will take a vote.

（新しいビジネス提携に関する2つの提案を話し合い，最後に採決します。）（SF）

I'd like to explain the general rules of the conference [symposium / workshop]. We have five speakers today. Each of them will be given seven minutes. After they finish their presentations, we will accept your questions to clarify the points of the presentations. Then, the floor will be open.

（会議［シンポジウム／ワークショップ］の一般的なルールを説明します。本日は5人に話をしていただきます。それぞれ与えられた時間は7分です。それが終わったら発表内容の不明点を明らかにするための質問を受け付けます。そのあと全体討論を行います。）（SF, F）

（5）発言を促す ◀)) II.4-5

Any opinions? Bill, why don't you start?
（何か意見はないかな。まず，ビルから始めたらどうだ。）（C）

Does anyone have something to add to the presentations?
（誰かプレゼンテーションに付け加えることはありませんか。）（SF）

Now the three proposals are open for discussion.
（3つの提案について自由に話し合ってください。）（SF）

Are there any questions or comments for Mr. A?
（Aさんに質問やコメントはありませんか。）（SF）

May I ask Professor B if you had any experience with this problem? （私からB教授に伺っても良いでしょうか。この問題についてご経験はありますか。）（F）

I would like to invite Mr. C to make a comment.
（Cさん，コメントをお願いします。）（SF, F）

May I call upon Dr. D for a comment in response to Ms. H's suggestion?
（Hさんの提案に対して，D博士，コメントを頂けますでしょうか。）（F）

（6）発言をコントロールする ◀)) II.4-6

We are running out of time. Please make your comments brief.
（時間が無くなってきました。コメントは簡潔にお願いします。）（SF）

Sorry, but we don't have enough time to discuss the matter now.
（すみませんが，そのことを今話し合う十分な時間はありません。）（SF）

May I leave your question for later discussion?
（あなたの質問は後のディスカッションに回していいですか。）（SF, F）

Your point is very interesting, but we need to hear from Mr. A first. （あなたのご指摘はとても興味深いですが，まずAさんの話を聞く必要があります。）（SF）

I'm afraid we are getting off the main point.
（メインポイントからずれてきたようです。）（SF）

I think it's a good idea to put that topic aside for the moment.
（そのトピックはちょっと脇に置いた方が良いと思います。）（SF）

Mr. A has proposed a motion to conclude the discussion. A second for the motion, please?
（Aさんからディスカッションを終了する動議がでました。支持される方はいますか。）
（SF, F）

（7）会議を締めくくる 🔊 II.4-7

I think we've covered all items on the agenda. Let me summarize our discussion.
（アジェンダ項目はすべて取り上げたと思います。討議をまとめます。）（SF）

To sum up, we have discussed pending issues and finalized the outline of the project.
（要約すると，私たちは懸案事項を話し合い，プロジェクトの最終的な概要を決めました。）（SF）

Now we would like to take a vote on the president's proposal. We will take a vote by voices [show of hands/ secret ballot].
（採決は発声で［挙手で／無記名投票で］行います。）（SF, F）

All in favor of the proposal, please raise your hands. All opposed, please raise your hands. Any abstention?
（提案に賛成の方は挙手してください。反対の方は挙手してください。棄権する方はいますか。）（SF）

（8）閉会の挨拶　🔊 II.4-8

Thank you everyone. It was a good meeting. The next meeting will take place next Monday. Joe will be the chair. See you then.
（皆さんありがとう。良いミーティングでした。次のミーティングは月曜日です。ジョーが議長です。それではまた。）(SF)

We will now close the meeting. Thank you for your cooperation.
（これにて会議を終わります。ご協力ありがとうございました。）(SF)

Let me thank you all again. This concludes the conference.
（改めて皆様ありがとうございます。これにて会議を終わります。）(SF)

In closing the conference, I would like to express my deep appreciation to the speakers and panelists for their precious contributions.
（閉会にあたり，発表者やパネリストの皆様に貴重なご貢献をいただきましたことに対し深く感謝いたします。）(F)

I declare the conference closed.
（会議の閉会を宣言します。）(F)

II. 5　プレゼンテーションをする
- Give a presentation

　プレゼンテーションには情報伝達，説明，デモンストレーション，説得などその目的によっていくつかのタイプがあります。ここでは社内や学会，国際会議などで行われることの多い情報伝達や説明のためのプレゼンテーションを取り上げます。日本語話者が英語でプレゼンテーションする際には特に次の点に気を付けるようにしましょう。

1. 発表内容を整理する。
2. 分かりやすいパワーポイントを作る。
3. 簡単な単語や表現を選ぶ。
4. 短い文章を作る。
5. 大きな声で，ゆっくりと話す。
6. 英語のコミュニケーションスタイルに合わせる。
7. 謙譲の美徳が通用しないことを肝に命じる。

　英語のプレゼンテーションは（1）導入（Introduction），（2）本論（Body），（3）結論（Conclusion）の3つの部分から成り，最後に（4）質疑応答（Questions & Answers）があります。
　ここではプレゼンテーションの構成に沿って表現例を紹介し，質疑応答の際に役立つ例文を示します。
　すべて semi-formal な表現です。

💬 表現例

（1）導入（Introduction）

始めの挨拶・自己紹介 🔊 Ⅱ.5-1

Good morning, everyone. I am Kenichi Takeda. I am responsible for planning the project.

（みんなおはよう。私は武田健一です。プロジェクトの企画を担当しています。）

Thank you for giving me this opportunity to speak here today. I am the chairperson of the standing committee.

（皆様，本日はこのような発言の機会をいただきありがとうございます。私は常任委員会の委員長です。）

プレゼンテーションの目的や背景 🔊 Ⅱ.5-2

Today, I am going to tell you about the progress of the planning. My presentation will explain what has been done so far and what needs to be done from now on.

（本日は，計画づくりの進捗についてお話をします。私の発表ではこれまで何ができていてこれから何をする必要があるかを説明します。）

I'm delighted to be here today to share with you our successful ABC program. By the end of this presentation, you will know how the program has benefited many people.

（本日はここで私たちのＡＢＣプログラムの成功について皆様にお話しすることができうれしく思います。この発表が終わるまでに，プログラムがいかに多くの人々に恩恵をもたらしたかお分かりいただけるでしょう。）

概要 🔊 Ⅱ.5-3

My talk is divided into [consists of] three parts.

（私の話は3つの部分に分かれます。）

First, I will give you an overview of the program. Then I will tell you what's happening in different sections.

（最初に，プログラムの全体像についてお話しし，それから各セクションの状況をお話しします。）

所要時間　🔊 II.5-4

I'll talk for about 10 minutes.
（私の話は大体 10 分ぐらいです。）

First, I will talk for about 15 minutes, and then Bill will explain details for about 10 minutes.
（まず私から 15 分ほど話をし，そのあと詳細についてビルが 10 分ぐらい話します。）

In the interest of time [Because of the tight schedule], I will try to keep my talk short, about 8 minutes. We will go right into the discussion.
（時間の制約 [厳しい制約] がありますので，私の話は短く 8 分ぐらいで終えるように努め，すぐにディスカッションに移ります。）

質疑応答について　🔊 II.5-5

Please feel free to ask any questions at any time.
（質問があればいつでもどうぞ。）

If you have any questions, let me ask you to hold them until the end.
（ご質問がある方は，最後までお待ちいただくようお願いします。）

（2）本体（Body）
話し始める　🔊 II.5-6

Let's start with the significance of the project.
（まずプロジェクトの意義から始めます。）

Let's start [begin] by looking into the historical background.
（まず歴史的背景から見ていきます。）

First of all [To start with], I must apologize for having not distributed handouts for you in advance.
（まず初めに，事前に資料を配布しなかったことをお詫びしなければなりません。）

パワーポイントや配布資料に言及する 🔊 II.5-7

Could you look at your handouts?
（お手元の資料をご覧くださいますか。）

As you can see on the screen, the graph clearly shows a downward trend of our sales.
（スクリーンを見れば分かるように，このグラフはわが社の売り上げが減少傾向にあることをはっきり示しています。）

This graph appears in the handouts we have given you.
（このグラフは皆様に配布した資料に含まれています。）

You don't need to take notes. I will hand out [pass out / distribute] copies of the slides at the end of my talk.
（メモを取る必要はありません。発表終了後にスライドのコピーをお配りします。）

I can email the PowerPoint presentation to you if you are interested.
（ご興味があれば発表のパワーポイントをEメールでお送りできます。）

I have some copies of the report here. Please pass them around.
（ここに報告書のコピーがあります。どうぞお回しください。）

次のメインポイントに移る 🔊 II.5-8

Let's move on to the next topic.
（次のトピックに移りましょう。）

Now, I would like to move on to the next point.
（では次のポイントに移りたいと思います。）

Moving on to the next section, let me look back over who was involved in the project at [from] the beginning.
（次のセクションに移って，誰が最初からプロジェクトに参加していたかを振り返りましょう。）

This leads me to the next point.　（ここから次のポイントに移ります。）

（3）結論（Conclusion）
結論を述べ，内容をまとめる ◀)) II.5-9

That's all from me. I gave you some tips you can use to make good sales presentations.
（私からは以上です。優れたセールストークをするために使えるコツについてお話をしました。）

That concludes my presentation except that I will now summarize the main points.
（私の発表は以上ですが，ここで主な点をまとめておきます。）

That brings us to the conclusion. （ここから結論です。）

In conclusion, I strongly recommend you hire local community leaders for three reasons.
（結論として，私は3つの理由からみなさんが地元コミュニティのリーダーを雇うよう強く勧めます。）

To sum up [To summarize] the main points of my talk, it is very important for everyone involved to share the latest information.
（私の話の主な点を要約すれば，すべての関係者が最新の情報を共有していることがとても重要だということです。）

（4）質疑応答（Questions and Answers）
質問を促す ◀)) II.5-10

Do you have any questions?
（質問はありませんか。）

May [Can] I have any questions now?
（ここで質問はありませんか。）

If you have any questions, don't hesitate to ask.
（質問があれば，ご遠慮なく。）

Please feel free to ask any questions.
（どんな質問でもかまいません。）

If there are any questions, I will do my best to answer them.
（質問があれば，ベストを尽くしてお答えします。）

質問を受ける ◀)) Ⅱ.5-11

Thank you for the question. （質問をありがとうございます。）

That is a good question. （良い質問ですね。）

That is a difficult question. （それは難しい質問です。）

Unfortunately, I am not the best person to answer the question.
（残念ながら，私はその質問に答えるのに最もふさわしい者ではありません。）

質問を確認する ◀)) Ⅱ.5-12

Do you mean your approach to local communities was not appropriate?
（皆さんが地元コミュニティに対してとったアプローチは適切ではなかったという意味ですか。）

Do you want me to explain the founding principle of the organization?
（組織を創設したときの原則について説明を求めておられるのですか。）

答えの適切さを確認する ◀)) Ⅱ.5-13

Does this answer your question?
（これでお答えになりましたか。）

Does that explain why we decided to expand the scope of the project?
（この説明でプロジェクトの範囲の拡大を決めた理由がお分かりになりましたか。）

★効果的なプレゼンテーションをするためのアドバイス★

　限られた時間内に内容を詰め込みすぎると，あわてた話し方になり発音が崩れて伝わりにくくなります。情報をよく整理し，一目で言いたいことがわかるようなパワーポイントなどの visual aid を準備しましょう。緊張すると口が回らなくなるので，できるだけ簡単な単語や表現を使い，短い文を作るようにします。発音を気にする人も多いようですが，落ち着いて大きな声でゆっくりと話すようにすれば大丈夫です。また先に結論を述べてから理由を説明するなど英語のコミュニケーションスタイルに合わせることや，日本社会で尊ばれる謙譲の美徳は外国人には理解されないことも肝に銘じておいてください。

II.6 付き合い・接待
─Entertaining and being entertained

　社会生活では，友人とのデートや付き合いが日ごろのストレスを軽減し心身ともにリフレッシュするチャンスを与えてくれます。最近日本では上司との付き合いが敬遠されることもあるようですが，同僚との付き合いは「飲みニケーション」(after-five communication：5時以降つまり仕事が終わってからのコミュニケーション)などといわれ，社会の潤滑剤としての役割も見直されています。そして企業活動では「接待交際費」という経費項目もあるくらいに，顧客の接待はビジネスの一部にもなっています。国際会議の場でも夕食会はつきもので，昼のビジネスミーティングには参加しなかった奥様や旦那様たち（spouses）も着飾って参加します。今のところ日本人の伴侶たちが参加する姿を見ることはほとんどありませんが，さらなる国際化の進展で，新たな展開があるかもしれません。

　一般的な「誘う・誘いを受ける・断る」表現はI.6とI.7でも紹介しましたが，ここでは特にCasual, Semi-formal, Formalそれぞれのレベルの「付き合い」の場面を想定して，役立ちそうな「誘い方」「誘いの受け方」「断り方」を紹介します。

　また，やや長文で具体的な場面設定を行った上で会話例を紹介します。場面設定文はシャドーイングをした後，DLS（「はじめに」でやり方を説明）レッスンを実施，最後にトランスクリプション（音声を少しずつ聞いて書き取る）をしてみましょう。巻末（p.187）にDLSの模範解答を示します。

●表現例　　*☆は「同意」, ★は「断り」の応答です。　◀)) II.6-1

A：**You wanna [Would you like to / Want to] go for a drink tonight?**
（今夜一杯どう？）
☆B：OK.　（いいよ。）
☆B：Sure!（もちろん。）
☆B：Why not?　（いいねえ。）
★B：I can't.　I've got to go home early tonight.
　　　（ダメなんだ。今夜は早く帰らないといけないから。）

A：**How about karaoke tonight?**　（今夜カラオケどう？）
☆B：Sounds great.　（いいね。）
☆B：I'd love that!　（喜んで。）
★B：I don't think so.　I can't sing.（ダメだよ。歌は苦手なんだ。）
★B：No, not tonight.　Sorry.　（いや, 今夜はだめなんだ, ごめん。）

A：**Let's have a welcome party for Jason tonight.**
　　　（今夜はジェイソンの歓迎会にしよう。）
☆B：Yeah, let's do it.　（うん, そうしよう。）
☆B：Thank you everyone.（ありがとう, みんな。）
★B：I have to skip it.　I have other plans for tonight.
　　　（私はいけないわ。今夜は他の用事があるの。）

A：**We go Dutch. / Shall we go Dutch?**　（割り勘ね。）
☆B：That's fine.　（いいよ。）
☆B：Of course.　（もちろん。）

A：**It's on me.**　（私がおごるわ。）
☆B：Are you sure?　（いいの？）
☆B：Thanks!（ありがとう。）

A：**Our boss says he will take care of it.**
　　　（ボスが払ってくれるって。）
☆B：That's great!　Thank you, boss!
　　　（やったあ。ありがとうございます, ボス！）

●アメリカからの新人を居酒屋で歓迎する

◀) II.6-2, II.6-3 (DLS1-1, 1-2→模範解答p.187)

Jason White works for Milton Financial Planners. He is 26 years old and single. He is newly assigned to Milton's Tokyo office. He studied Japanese for a year in college but he thinks he needs to learn a lot more to speak the language fluently. So, he is looking forward to working in Tokyo. The Tokyo office is not very big, staffed by about a half dozen financial planners and a few office clerks.

He arrived in Tokyo in mid-March. He is a bit nervous, when he is introduced to his colleagues in the office. To his delight, he finds everyone in the office very kind and friendly, including the head manager of the office. A few weeks later, his co-workers invite him to a small welcome party at an izakaya, a Japanese style pub, in Shinjuku. Jason has never been to one, but he has read about American presidents entertained by Japanese prime ministers at an izakaya on their trips to Tokyo. Jason is excited to experience an izakaya!

　ジェイソン・ホワイト君はミルトン・ファイナンシャル・プランナーズで働いています。26歳で独身です。新しくミルトンの東京事務所に赴任することになりました。大学時代1年間日本語を勉強しましたが，流暢に話せるようになるには，もっと勉強が必要だと思っています。それで，東京で働くことを楽しみにしています。東京事務所はあまり大きくはなく，5，6人のファイナンシャル・プランナーと数人の事務員が働いています。

　彼は3月半ばに東京に到着しました。彼は事務所の同僚に紹介され，ちょっとドキドキしますが，嬉しいことに，みんな親切で親しみやすい人達です。所長を含めてです。数週間後，事務所の同僚が彼を新宿の居酒屋（日本式パブ）での歓迎会に招待してくれます。ジェイソンはまだ一度も行ったことがありませんが，これまでにアメリカの大統領が東京訪問の際，日本の総理大臣に居酒屋でもてなされたという記事を読んだことがあります。ジェイソンは居酒屋を体験することにワクワクしています。

🗨 会話例

今日の仕事は早仕舞いに（A=Keiko, B=Jason White）　🔊 Ⅱ.6-4

A：Jason, how about a drink at an izakaya tonight?
（ジェイソン君，今夜居酒屋で一杯ってどう？）

B：Sounds great! I really want to experience izakaya.
（そりゃ嬉しいなあ。すごく居酒屋に行ってみたかったんですよ。）

A：Good! Everybody, finish what you have to do by 7:00 today.
（よかった。みんな，今日やるべきことは7時までに終わらせてね。）

居酒屋では，まず「ビール」（A=Waitress, B=Ryo, C=Keiko, D=Jason）　🔊 Ⅱ.6-5

A：Hello, can I get drinks first for you?
（いらっしゃいませ。まず，お飲み物は，何になさいますか。）

B：Beer, first! Everyone is OK with beer?
（まず，ビールだな。みんな，ビールでいいな？）

C：Yees! Jason, we start with beer at an izakaya. You will have one, won't you?
（いいでーす！　ジェイソン，居酒屋じゃ，みんな最初はビールにするの。あなたもビール飲むでしょ？）

D：Of course. Do in Tokyo as Tokyoites do.
（もちろん。郷に入っては郷に従いますよ（東京に来たんですから，東京人と同じように）。）

B：It's Jason's welcome party, tonight. But, as you all know, we have to go Dutch, 3,000 yen a piece. However, I'll dish out 10,000 yen, so you pay 2,000 yen a piece. Jason is on all of us.
（今夜は，ジェイソンの歓迎会だけど，みんなもわかっている通り，会費制だ。一人3000円な。だが，俺が1万円出すから，みんなは，2000円でいいぞ。ジェイソンは皆のおごりだ。）

D：Thank you, everyone.　（皆さん，すいません。）

C：Never mind, you are the guest of honor tonight.
（いいのよ。今夜はあなたが主賓だからね。）

Semi-formal

Ａ：**Would you like to go for a drink tonight?**
(今夜飲みに行きませんか。)

☆Ｂ：I'd be happy to.　(喜んで行きます。)

☆Ｂ：I'd love to.　　(いいですねえ。)

★Ｂ：I'd love to but not tonight.　I have to work overtime tonight.
(いいですねえ。でも今夜はちょっと。今夜は残業しないといけないんですよ。)

Ａ：**Can I treat you to dinner tonight?**
(今夜，夕食一緒にどうですか，ごちそうします。)

☆Ｂ：That would be lovely.　(それは嬉しいです。)

☆Ｂ：Oh, very generous of you.　(それは，どうもすみません。)

★Ｂ：Thank you, but maybe next time.　I've worked long hours
this week.　I'm too tired to go out tonight.
(ありがとうございます。でもまたこの次にしていただいてもいいですか。今週は
ずっと長時間労働で，今夜はとても疲れてて外食はできそうにありません。)

Ａ：**We would like to invite you to our home for lunch
Saturday.**
(土曜のランチにうちへご招待したいんですが。)

☆Ｂ：Thank you for the invitation.　I'd be delighted to join you.
(ご招待ありがとうございます。喜んでうかがいます。)

★Ｂ：Very nice of you but I have to take a rain check. I have
other plans for the weekend.
(ご親切にどうも，でもこの次にしてもらっていいですか。週末は別の用事がある
んですよ。)

◀)) II.6-7, II.6-8 （DLS2-1, 2-2 →模範解答 p.187, p.188)

Ryo Ohno is visiting Milton Financial Planners' Headquarters in Los Angeles. He has been attending a week-long annual chief financial planners' meeting for the first time. Every year, Milton's financial planners from the US, Asian and European markets learn new local, as well as global trends and discuss strategies to stay relevant and competitive worldwide.

At the end of the annual event, participants are invited to a picnic organized by Milton's CEO, Henry Milton, and his wife, Kate, at their hundred million-dollar mansion in Hollywood. They have a large swimming pool and a tennis court on the premises. It is really a dream-like place to visit. Henry and Kate are not snobbish at all. Both are down-to-earth and fun to be around.

　大野亮氏は，ミルトン・ファイナンシャル・プランナーズ社の本社をロサンジェルスに訪ねています。1週間にわたる年次チーフ・ファイナンシャル・プランナー会議に，初めて参加しています。毎年，ミルトン社のアメリカ，アジア，ヨーロッパ市場のファイナンシャル・プランナーたちは，各地域及び世界的な新たな動向を学び，世界で有用性と競争力を維持していくための戦略を議論します。

　年次大会の最後には，参加者は，ミルトンのCEO，ヘンリー・ミルトン氏とケイト夫人がハリウッドの1億ドルの豪邸で開くピクニックに招待されます。敷地内には，プールとテニスコートもあります。本当に夢のようなところです。ヘンリーとケイトは，お高くとまっているところは全くなく，気さくで，一緒にいて楽しい人たちです。

🗨 会話例

<u>上司から自宅への誘い（A=Henry Milton, B=Ryo）</u> ◀) Ⅱ.6-9

A：Mr. Ohno, we would like to invite you to a picnic at our place this weekend. You will come and join us, won't you?
（大野さん，週末我が家でピクニックをするんで，ご招待したいんですが，来てくれますね。）

B：Thank you for the invitation. I'd be delighted to come.
（ご招待ありがとうございます。喜んで伺います。）

A：Great! Come and join us at any time after 1:00 pm.
（よかった。午後1時過ぎならいつでもいいので来てください。）

<u>上司宅で夫人に挨拶（A=Ryo, B=Kate Milton）</u> ◀) Ⅱ.6-10

A：Mrs. Milton, thank you for the invitation.　My name is Ryo Ohno. I'm from Tokyo.
（ミルトン夫人，お招きいただき，ありがとうございます。大野亮と申します。東京から来ました。）

B：Yes, Mr. Ohno, my husband told me that you've been doing a lot for the company. We are happy to have you visit [join] us today.
（はい，大野さん，夫から，ずいぶん会社のために頑張ってくださっていると聞いております。今日は，おいでくださって嬉しいですわ。）

A：Very kind of you to say so. You have such a gorgeous place! I'm overwhelmed.
（ご親切に，どうも。素晴らしいお宅ですね。圧倒されております。）

B：Thank you. I hope you will enjoy the afternoon.
（ありがとう。楽しい午後を過ごしてくださいね。）

A：I'm sure I will. Mrs. Milton, may I give you something small from Tokyo? It is a set of silver chopsticks holders. Some people use them for knives and forks.
（はい，楽しませていただきます。ミルトン夫人，つまらないものですが，東京からのお土産を差し上げてもよろしいですか。銀製の箸置きセットなのですが，ナイフとフォークに使う方もいらっしゃいます。）

B：Oh, may I open it? They are beautiful! Now, I don't need to get my table messy. Thank you very much, Mr. Ohno.
（まあ，開けてもいいですか。きれいだこと。これで，テーブルを汚さなくて済みますわ。ありがとうございます，大野さん。）

A：I'm glad you like them.
（気に入っていただけて嬉しいです。）

B：Henry is barbequing meat over there.
（ヘンリーがあちらで肉を焼いています。）

A：Mr. Milton is barbequing?
（ミルトン CEO がバーベキューなさってるんですか。）

B：Yes. It's a man's job, you know, in America, anyhow.
（そうです。男の仕事ですからね。アメリカじゃ，とにかく。）

● 表現例　　＊☆は「同意」，★は「断り」の応答です。　◀)) II.6-11

A : **May we invite you to dinner after the meeting?**
（会議の後，夕食にご招待させていただきたいのですが。）

☆B : How kind of you. We'd [We will] be happy to join you.
（ご親切に恐縮です。私共喜んでご一緒させていただきます。）

★B : It's very kind of you but we have to excuse ourselves after the meeting. My wife is not feeling too well. Probably jet lag.
（大変ご親切にありがたいのですが，この会議の後は失礼しなければなりません。家内はあまり気分がすぐれないようなのです。多分時差ぼけです。）

A : **Will you accept our invitation for dinner at a French restaurant tonight in Tokyo?**
（今夜は東京のフランス料理店での夕食にご招待させていただきたいのですが，お受けいただけますか。）

☆B : I am delighted to accept the invitation.
（喜んでご招待をお受けします。）

★B : I really appreciate your invitation, but may I take a rain check, because I must meet the US ambassador tonight.
（お招き本当にありがたいのですが，またの機会にさせていただけますか。今夜はアメリカ大使とお会いしなければなりませんので。）

A : **We will be honored if you join us for a small reception after the factory tour.**
（工場ご視察の後，今夜はささやかなレセプションにご一緒いただけましたら，大変光栄でございます。）

☆B : The honor is mine. I don't know how to thank you enough for the kind arrangements you have made for me.
（こちらこそ光栄です。ご親切なご手配にどう感謝していいかわかりません。）

★B : The honor is mine, but I have to decline the invitation, because I have a previous engagement.
（こちらこそ光栄でございますが，ご招待はご遠慮申し上げなければなりません。先約が入っているものですから。）

● 海外からの賓客を接待する

◀) II.6-12, II.6-13 (DLS3-1, 3-2 →模範解答 p.187, p.188)

Milton Financial Planners' Chair, Judy Milton, is visiting Japan. She wants to expand their business in this untapped market. She thinks they have a chance to do so. She sees growing interest in financial planning among Japanese consumers, as they realize that they must secure their financial future on their own, rather than being completely dependent on public pensions.

She meets a number of potential partners in Tokyo and starts to contemplate opening another office in Osaka. Tonight, she is invited to a traditional Japanese restaurant by the President of the Japanese Association of Financial Planners. She is a bit anxious about the dinner arrangement, as she has been told that she will be sitting on the floor to eat.

　ミルトン・ファイナンシャル・プランナーズ社の会長ジュディ・ミルトン氏は，日本を訪問中です。未開拓の日本市場で事業を拡張したいと思っています。そのチャンスがあると考えています。日本の消費者の間でもファイナンシャル・プランニングへの関心が高まりつつあると見ているからです。日本人は，自ら将来の金融資産を担保しなくてはならないと気付いてきているからです。公的年金に頼ってばかりいるわけにはいきません。

　彼女は，東京に来て，いろいろな潜在的提携先と会いました。大阪にも事務所を開設しようかとも考え始めています。今夜は，日本ファイナンシャル・プランナーズ協会の理事長に，伝統的な日本の料亭での夕食に招かれています。この夕食会の設定ついては，少し心配しているところがあります。床に座って食事をとると聞かされているからです。

🗨 会話例

7 時にお迎えに行かせます （A=Hajime Honda, B=Judy Milton）　◀))Ⅱ.6-14

A : Ms. Milton, will you accept our invitation to you and Mr. Milton for dinner at a Japanese restaurant tonight?

（ミルトンさん，本日は日本式料亭での夕食にご主人ともどもご招待申し上げたいのですが，お受けいただけますか。）

B : We are honored.　I'm sure my husband, Mike, will be delighted to accept the invitation, too.

（光栄ですわ。夫のマイクも喜んでご招待をお受けすると存じます。）

A : Excellent!　Then we will send someone to your hotel to pick you up at 7:00 pm.

（よかったです。では，7 時にホテルに誰かをお迎えに行かせます。）

料亭にて （A=Hajime, B=Judy, C=Mrs. Ogata, D=Mr. Milton）　◀))Ⅱ.6-15

A : Good evening, Mr. and Mrs. Milton.　Thank you very much for coming to join us.

（こんばんは，ミルトンさんご夫妻。ようこそおいでくださいました。）

B : Mr. Honda, thank you for the invitation!　I'm excited about having dinner at an authentic traditional Japanese restaurant.

（本田さん，こちらこそ，ありがとうございます。正統派の伝統的料亭でのお食事と聞いてワクワクしています。）

A : This is a very famous restaurant with a history longer than 100 years. We hope you will enjoy the dinner. And may I present the lady owner of the house, Mrs. Ogata. Her husband is a member of the House of Representatives in Japan.

（この料亭はとても有名で，100 年以上の歴史を持っております。お楽しみいただければと思います。それから，こちら，女将の緒方さんです。ご主人は衆議院議員をしておられるんです。）

B : I'm pleased to meet you, Mrs. Ogata.

（お目に掛かれて嬉しいです，緒方夫人。）

C : We are honored to welcome you, Mr. and Mrs. Milton. We must ask you to take your shoes off to come in.

（ミルトンご夫妻，お越しいただき光栄でございます。恐れ入りますが，おあがりいただくのには，履物を脱いでいただかなければなりませんが。）

D : Very traditional! I made sure I had no holes in my socks tonight.

（とても伝統的ですね。今夜は，靴下に穴が開いていないことを確かめてきました。）

C : Excellent! Someone warned you in advance?

（それは，すばらしゅうございます。どなたかが前もってご注意なさったのですね。）

"I like you a lot" (by Shuji Koizumi)

When I see him in the distance, I get thrilled (waku waku shimasu).

When he comes near me, I feel my heart beating (doki doki shimasu).

When I had eye contact with him, my heart pains. (zukin to shimasu).

When I get to say "Hi," to him, I feel dizzy (po otto shimasu).

When he is moving away, there is a moment of silence (shiin to shimasu).

When he is out of my sight, my heart aches (kyuun to shimasu).

「大すき」（小泉周二作）

遠くに見えたらワクワクします

近くに来たらドキドキします

目と目が合ったらズキンとします

あいさつできたらポーッとします

離れて行ったらシーンとします

見えなくなったらキューンとします

■JASRAC 出 2106305-101 ■

This Japanese poem expresses the writer's feelings with "gitaigo" (onomatopoeia) such as "waku waku", " doki doki", "zukin", "po otto", "shiin', and "kyuun." Japanese use many onomatopoeia words when they speak and write. It is quite interesting to study gitai-go. The definition of Japanese gitai-go (onomatopoeia) is "the words to describe the state of affairs and things by vocalizing sensuously." Japanese gitai-go not only mimics actual sounds that are made by animals, people and things, but also describes an action, like a facial expression, or an emotion, or feeling with an associated sound. They also can create new onomatopoeia freely to express what they want to describe. The listener can sense the newly created words easily. Anime is full of expression with onomatopoeia.

この日本語の詩は「ワクワク」,「ドキドキ」,「ズキン」,「ポーッと」,「シーン」,「キューン」という擬態語（擬声語）で様々な想いを表現しています。日本語では，話をする時も文を書く時も，いろいろな擬態語を使います。擬態語は本当に面白いです。擬態語とは「物事の状態や様子などを感覚的に音声化して表現する語」という定義があります。英語では "onomatopoeia" と言い，英語にも擬態語はありますが，日本語は実際の音を真似して表現するのみならず，顔の表情や感情や気持ちなどの動きを音にしてイメージを伝えたり，表現したりします。擬態語は昔からある表現の他にも，自分で自由に作っても音が何となく表現にマッチすると日本人の聞き手だったら，相手の表現したい事が良く理解できます。アニメでも，多くのシーンが擬態語や擬声語で溢れています。

This poem is also vague. This poem has no subject, nor object. I inserted "I" and "him" during the translation, otherwise I cannot make English sentences with this poem. I don't know the subject is a girl nor the object is a boy. Japanese often omit subjects and even objects in both speech and writing. So, listeners or readers have to guess who and what the speaker or the writer is talking about. On the other hand, listeners and readers can expand their sense of imagination freely. This poem does not have the first person, second person nor third person. This poem has no specific verbs even, and the poet's emotions and feelings are described with gitai-go (onomatopoeia) only. To describe the state of writer's heart leaping for joy, the writer uses "waku waku", "doki doki" for quick heart beating, and uses "zukin" for the pain from strong adoration. It is very difficult to translate this poem into English without losing the essence of it, and characteristic of Japanese. However, this poem is very interesting to read for it has many onomatopoeia words, and they make the poem very rhythmic and shakes our emotion strongly.

それから，この詩はあいまいです。この詩には主語も述語もまったく出てきません。私はこの詩を翻訳するのに，"I" や "him" を入れました。そうしないと英文にならないからです。主語が女の子なのか，目的語が男の子なのかも分かりません。日本語では，話す時も文章を書く時も，しばしば主語を省きます。目的語すら省きます。ですから，聞き手や読者は，話し手や書き手の思いを推測しなくてはなりません。一方で，聞き手や読者は，自由に想像を膨らませることができます。この詩には，一人称も二人称も三人称も使われていません。また，この詩にはこれといった動詞すらまったく使われていません。作詞家の感情や思いは擬態語だけで表現されているのです。心が躍る様子は「ワクワク」，心拍数が早まる様子は「ドキドキ」，熱愛のあまり胸が痛くなる様子には「ズキン」という擬態語を使っています。日本語の真髄と特徴を失うことなく英語に訳すのはとても難しい詩ですが，読んでいてとても面白い詩です。それは，擬態語がたくさん使われているからです。それがこの詩のリズムを生み出し，強く心を揺さぶります。

Learning foreign languages is fun for me too. I enjoy watching dramas aired on BBC. One of the popular series I watched recently was a TV series titled "Downton Abby." This is a story of a British aristocratic family and their servants before and after the World War I. Watching TV dramas is a fun way to learn a language. It is interesting to find British English pronunciation and intonation being so different. It is also fascinating to learn about their way of thinking, value system, and the culture at that era. Learning any language is not limited to mastering grammar, neither reading and writing, nor increasing vocabulary. Words are packed with people's emotions. We need to discover their way of thinking, custom and culture, total value system, moral concept, ideas commonly accepted by the society and many other things. It is a long, and fascinating, process to master languages.

私も語学学習が大好きです。最近はよく，BBC（イギリスの公共放送局）のいろいろなドラマを観たりしています。最近，観て面白かったのは "Downton Abby" というテレビドラマシリーズで，第一次世界大戦前後の英国の貴族と使用人たちの話です。イギリス人の英語は，発音もイントネーションも（米語とは）かなり違います。また，その当時の文化，貴族や使用人達の考え方や価値観などを知ることができ，とても興味深いです。語学の勉強は，語彙を増やしたり文法を学んだり，読んだり，聞いたりするだけではありません。言葉には人の様々な想いが込められています。その言葉を話す人たちの考え方，習慣，文化，総合的な価値観，道徳観，社会の大切な決まり事などなど，様々な事を発見してゆく必要があります。語学の習得は長い道のりですが，とてもワクワクする道のりでもあります。

ホール圓子
ガーデナ仏教会附属日本語学園前学園長

★Ⅱ. 6 DLS 模範解答

Casual（p. 173）

前半 ◀))DLS 1-1

Jason White works for a financial planning company. He is 26 and is not married. He studied Japanese for a year in college. The firm decided to send Jason to its Tokyo office. Jason is happy to work in Tokyo. He wants to improve his Japanese while working there. The office in Tokyo is not so big. Only six financial planners and a few clerks work in the office.

後半 ◀))DLS 1-2

Jason came to Tokyo in mid-March. Everyone in the office, including the boss, is very nice and friendly to him. So, he is very happy. A few weeks after he starts working there, his colleagues invite him to a welcome party. They are going to take him to an izakaya, a Japanese pub, in Shinjuku. He has read that Japanese prime ministers took some American presidents to izakaya during their visits to Japan. And he wanted to go to one, too. He is looking forward to the welcome party.

Semi-formal（p. 176）

前半 ◀))DLS 2-1

Ryo Ohno is attending an annual financial planners' meeting at Milton's Headquarters office in Los Angeles. The meeting lasts for a week. Milton's financial planners from all over the world, the US, Asia and Europe, gather for the meeting every year. They exchange information on new trends in the global market and in each of the local markets. They discuss what business strategies they should take to maintain their competitive edge and to continue providing good service to their customers.

After the conference, Milton's CEO, Henry Milton, invites participants to a picnic at his big mansion in Hollywood. It is a very expensive property, one-hundred million dollars. It has a swimming pool and a tennis court, too. Everyone would dream of living in such a house. Henry and his wife are very nice people. They are easy to talk to and very friendly.

Formal (p. 180)

Judy Milton is the chairperson of Milton Financial company. She is visiting Japan. She thinks the Japanese market is not yet fully developed and she wants to expand Milton's business in Japan. She believes they have a good chance to do so, because many Japanese people are now completely dependent on the government's pensions and they are interested in better planning of their financial future.

She meets several business people. She thinks she may be able to partner with them in Japan. She even thinks that she may be able to open a new office in Osaka. The president of the Japan Financial Planners Association invites her to a dinner at a traditional Japanese restaurant. They tell her that she will be sitting on the floor to eat at the restaurant. So, she feels a little bit nervous.

音声ダウンロードサイト
■ユーザー名：bizenglish
■パスワード：itmjnrzsn

おわりに

　本書の構想は，様々な英語についてのアドバイスがインターネット上にもあふれる昨今，くだけた場面と改まった場面での表現には違いがあることを知る必要があるのではないかと考えたことから始まりました。皆さんは，「えっ，何ですか」と，相手の発言を聞き返す時などは，"Pardon?" や "Pardon me?" という表現を使うと習ったのではないでしょうか。しかし，最近では，アメリカ生まれと思われる若いブロガーなどの間に，そんな表現は「聞いたことがない」「ネィティブは，使わない」などと主張する人も出てきているようです。でも，そういうことはありません。ビジネスの場面では，特に，礼儀正しい大人の英語表現を身につけるべきだとアドバイスするネィティブの英語コンサルタントもいます。日本人が英語を使う場面がますます増える中，私たちは，多くの人に英語でも敬意表現が使えるようになってほしいと願っています。新型コロナウィルスの蔓延という事態で厳しい行動制限が課せられたことも手伝って，制作完了は3年越しとなってしまいましたが，ようやく出版にこぎつけることができました。

　本書の制作には，様々な方々からご協力いただきました。NHKで長年おつきあいいただいてきたナレーションのプロ，英国人の Elizabeth Handover 氏とアメリカ人の Bill Sullivan 氏のナレーションで，読者の皆さんには，本書を読むだけではなく，シャドーイングやクイックレスポンスの練習を繰り返すことによって，自然なリズムの英語を身体に覚えこませてほしいと思います。また，他にあまり類を見ないと言ってよいと思いますが，本書では読者の皆さんの英語でのスピーキング能力を強化するエクササイズ用に日本語の部分も録音しました。その録音では，新崎祥隆氏が男性パートを快く引き受けて下さいました。加えて，本書の英文校閲者，Roger Hull 氏と，アメリカで日本語学校校長を長年務めたホール・圓子氏には，カリフォルニアから楽しいエッセイを寄稿していただきました。レッスンの合間にお楽しみいただけるでしょう。そして，大修館書店の佐藤純子氏と神作聡美氏，このお二人の力なくしては本書が形になることはありませんでした。ご協力いただきました皆様に心からお礼を申し上げます。

[著者紹介]
ともに会議・放送通訳者で，現在，NHKGメディア国際研修室，神奈川大学生涯学習・エクステンション通訳講座等の講師を務める。2人の共著に『最強の英語リスニング・実践ドリル』，『英語スピーキング・クリニック』，通訳者4人による『英語リスニング・クリニック』『英語リスニング・クリニック初診者コース』（いずれも研究社）がある。

石黒弓美子（いしぐろ　ゆみこ）
USC（南カリフォルニア大学）米語音声学特別講座終了。UCLA（カリフォルニア大学ロサンジェルス校）言語学科卒業。國學院大學にて修士号（宗教学）取得。ISSで同時通訳訓練をうけたのち，会議同時通訳者，NHK放送通訳者として活躍。また東京外国語大学，青山学院大学の非常勤講師など大学での指導経験も持つ。
監修・共著に，日本通訳協会編『改訂新版通訳教本 ― 英語通訳への道』（大修館書店）などがある。

新崎隆子（しんざき　りゅうこ）
神戸大学文学部卒業。青山学院大学大学院博士後期課程修了。博士（国際コミュニケーション）。大阪府立高校英語科教諭を経て，会議通訳者として国際会議の同時通訳を行うと共に，ＮＨＫのＢＳ放送や音声多重放送の同時通訳者を務める。東京外国語大学大学院，青山学院大学などで非常勤講師を務め退職。主な学術論文に「英日逐次通訳における記憶の負担と訳出精度」『通訳翻訳研究』第16号，「通訳訓練法と日本語教育への応用」『日本言語文化研究会論集』第15号，主な著書に『通訳席から世界が見える』（筑摩書房）などがある。

[英文校閲]
Roger Hull（ロジャー・ホール）
在カリフォルニア弁護士。元高校英語，数学，歴史教師。画家。陶芸家。

〈通訳メソッド〉で学ぶ
状況・場面別ビジネス英会話
© Yumiko ISHIGURO, Ryuko SHINZAKI, 2021　　　　　　　NDC830／x, 189p／21cm

初版第1刷――2021年9月10日

著者――――――――石黒弓美子・新崎隆子
発行者―――――――鈴木一行
発行所―――――――株式会社 大修館書店
　　　　　　　　　　〒113-8541 東京都文京区湯島2-1-1
　　　　　　　　　　電話03-3868-2651（販売部）　03-3868-2292（編集部）
　　　　　　　　　　振替00190-7-40504
　　　　　　　　　　[出版情報] https://www.taishukan.co.jp

装丁者―――――――CCK
イラスト――――――Shutterstock
印刷所―――――――広研印刷
製本所―――――――難波製本

ISBN978-4-469-24649-0　Printed in Japan